《国学经典藏书》丛书编委会

顾　问
　　许嘉璐
主　编
　　陈　虎
编委会成员

陆天华	李先耕	骈宇骞	曹书杰	郝润华	潘守皎
刘冬颖	李忠良	许　琰	赵晨昕	杜　羽	李勤合
金久红	原　昊	宋　娟	郑红翠	赵　薇	杨　栋
李如冰	王兴芬	李春燕	王红娟	王守青	房　伟
孙永娟	米晓燕	张　弓	赵玉敏	高　方	陈树千
邱　锋	周晶晶	何　洋	李振峰	薛冬梅	黄　益
何　昆	李　宝	付振华	刘　娜	张　婷	王东峰
余　康	安　静	刘晓萱	邵颖涛	张　安	朱　添
杨　刚	卜音安子				

国学经典藏书

幼学琼林

张 婷 译注

中国出版集团有限公司
研究出版社

图书在版编目（CIP）数据

幼学琼林 / 张婷译注. -- 北京：研究出版社，2024.1

（国学经典藏书）

ISBN 978-7-5199-1494-3

Ⅰ.①幼… Ⅱ.①张… Ⅲ.①古汉语—启蒙读物②《幼学琼林》- 译文③《幼学琼林》—注释 Ⅳ.①H194.1

中国国家版本馆 CIP 数据核字（2023）第 089412 号

出 品 人：赵卜慧
出版统筹：丁　波
责任编辑：谭晓龙

国学经典藏书：幼学琼林
GUOXUE JINGDIAN CANGSHU：YOUXUE QIONGLIN
张　婷　译注

研究出版社 出版发行

（100006　北京市东城区灯市口大街 100 号华腾商务楼）

河北松源印刷有限公司　新华书店经销

2024 年 1 月第 1 版　2024 年 1 月第 1 次印刷

开本：880 毫米 × 1230 毫米　1/32　印张：7

字数：145 千字

ISBN 978-7-5199-1494-3　定价：32.00 元

电话：（010）64217619　64217652（发行部）

版权所有·侵权必究

凡购买本社图书，如有印制质量问题，我社负责调换。

编者的话

经典是人类知识体系的根基,是人类的精神家园,是我们走向未来的起点。莎士比亚说过:"生活里没有书籍,就好像没有阳光;智慧里没有书籍,就好像鸟儿没有翅膀。"21世纪中国国民的阅读生活中最迫切的事情是什么?我们的回答是阅读经典!

中国有数千年一脉相传、光辉灿烂的文化,并长期处于世界文化发展的前列,尤其是在近代以前,曾长期引领亚洲乃至世界文化的发展方向。长期超稳定的社会发展形态和以小农生产为基础的、悠闲的宗法农业社会,塑造了中华民族注重实际、过分地偏重经验、重视历史的文化心理特征。从殷商时代的"古训是式"(《诗经·大雅·烝民》),到孔子的"述而不作,信而好古"(《论语·述而》),可以清楚地看出这种文化心理不断强化的轨迹。于是,历史就被赋予了神圣的光环,它既是人们获得知识的源泉,也是人们价值标准的出处。它不再是僵死的、过去的东西,而是生动活泼、富有生命力,并对现世仍有巨大指导作用的事实。因而就形成了这样一种固定的文化思维方式,也就是"以铜为鉴,可正衣冠;以古为鉴,可知兴替;以人为鉴,可明得失"(《新唐书·魏徵传》)。中国的文化人世代相承,均从历史中寻求真理,寻求"修身、齐家、治国、平天下"的崇高理想模式。

这种对于历史所怀有的深沉强烈的认同感，正是历史典籍赖以发展、繁荣的文化心理基础。历史上最初给历史典籍的研究和整理工作涂上政治、道德和伦理色彩的是春秋时期的孔子。当时的孔子因感"周室微而礼乐废，《诗》《书》缺"，于是删订了《诗》《书》《礼》《乐》《易》《春秋》等"六经"（见《史记·孔子世家》），寄托了自己在政治上"复礼"和道德上"归仁"的最高理想。孔子以后，历史典籍的编撰无不遵循着这一最高原则。所以《隋书·经籍志》总序中就说："夫经籍也者，机神之妙旨，圣哲之能事。所以经天地，纬阴阳，正纲纪，弘道德，显仁足以利物，藏用足以独善……其王者之所以树风声，流显号，美教化，移风俗，何莫由乎斯道？……其教有适，其用无穷，实仁义之陶钧，诚道德之櫜籥也。……夫仁义礼智，所以治国也；方技数术，所以治身也。诸子为经籍之鼓吹，文章乃政化之黼黻，皆为治国之具也。"（《隋书·经籍志一》）由此可见，历史典籍的编撰整理工作，已不仅仅是文化技术问题，更重要的是它还负有"正纲纪，弘道德"的政治和道德使命。于是，在两千多年的历史发展过程中，先人们为我们留下了汗牛充栋的文化典籍。这些宝贵的精神财富，不仅是我们中华民族的骄傲，也是全人类的骄傲，并已成为世界文化宝藏的重要组成部分。

中国的先哲们一向对古代典籍充满崇敬之情，他们认为，先王之道、历史经验、人伦道德以及治国安邦之术、读书治学之法等等，都蕴藏于典籍之中。文献典籍是先王之道、历史经验、人伦道德等赖以传递后世的重要手段。离开书籍，后人将无法从前朝吸取历史经验，无法传承先王之道。在日新月异的当代，如何对待这份优秀的文化遗产？毛泽东同志早就指出："中国的长期封建社会中，创造了灿烂的古代文化。清理古代文化的发展过程,剔除其封建性的糟粕,吸取其民主性的精华,是发展民族新文化、提高民族自信心的必要条件。……中国现时的新文化也是从古代的旧文化发展而来,因此,我们必须尊重自己的历史,决不能割断历史。但是,这种尊重是给历史以一定的科学地位,是尊重历史的辩证法的发展,而不是颂古非今。"(毛泽东《新民主主义论》)古代典籍,不仅对中华民族的形成与发展历史地发挥了巨大的凝聚力作用,而且在当今中华民族伟大复兴中,依然会发挥无可替代的重要作用。

在科学技术迅猛发展的当代社会,人们的生活、观念正在发生着巨大而深刻的变革,面对蓬勃发展的现代科技和汹涌而至的各种思潮,人们依然能深切地感受到中国传统文化无所不在的巨大力量。人们渴望了解这种无形的力量源泉,于是绚丽多姿的中华典籍就成了人们首要的选择。它能够使我们在精神上成为坚强、忠诚和有理智的人,成为能够真正爱人类、尊重人类劳动、衷心地欣赏人类的伟大劳动所产生的美好果实的人。所以,在今天,我们要阅读经典;当数字化、网络化带来的"信息爆炸"占领人们的头脑、占用人们的时间时,我们要阅读经典;当中华民族迈向和平崛起和民族复兴的伟大征程时,我们更要阅读经典。因此,读经典,这个我们习以为常的平凡过程,实际上就成了人的心灵和上下古今一切民族的伟大智慧相结合的过程。但由于时代的变迁,这些经典对现代人来说已仿佛谜一样的存在。为继承这份优秀的文化遗产,帮助人们更好地利用这些经典,在全国学术界诸多专家学者的支持下,我们策划了这套"国学经典藏书"丛书。

丛书以弘扬传统、推陈出新、汇聚英华为宗旨,以具有中等以上文化程度的广大读者为对象,从我国古代经、史、子、集四个部类的典籍中精选50种，以全注全译或节选的形式结集出版。在书目的选择上，重点选取我国古代哲学、历史、地理、文学、科技、教育、生活等领域历经岁月洗礼、汇聚人类最重要的精神创造和知识积累的不朽之作。既注重选取历史上脍炙人口、深入人心的经典名著，又注重其适应现代社会的人文价值趋向。丛书不仅精校原文，而且从前言、题解，到注释、译文，均在吸收历代学者研究成果的基础上精心编撰。在注重学术性标准的基础上，尽量做到通俗易懂。我们相信，本丛书的出版，对提高人们的古代典籍认知水平，阅读和利用中华传统经典，传播中华优秀文化，提高人们的民族自信心和文化自豪感，进而为中华民族伟大复兴做贡献，均将起到应有的作用。高尔基说："书籍是人类进步的阶梯。""要热爱读书，它会使你的生活轻松，它会友爱地帮助你了解纷繁复杂的思想、感情和事件；它会教导你尊重别人和你自己；它以热爱世界、热爱人类的情感，来鼓舞智慧和心灵。""当书本给我讲到闻所未闻、见所未见的人物、感情、思想和态度时，似乎是每一本书都在我面前打开一扇窗户，并让我看到一个不可思议的新世界。"(《高尔基论青年》，中国青年出版社1956年版)。流传千年的文化经典，让我们受益匪浅，使我们懂得更多。正如德国著名作家歌德所说："读一本好书，就是和一位品德高尚的人谈话。"的确，读一本好书，就像是结交了一位良师益友。我们真诚希望，这套经典丛书能够真正进入您的生活，成为人人应读、必读和常读的名著。

陈　虎

庚子岁孟秋

前　言

　　《幼学琼林》是一部传播较为广泛的蒙学典籍。目前通行的观点是其版本源头可追溯至明代程登吉编写的《幼学须知》。后多位先贤对其进行过加工，如钱元龙、周达甫、邹圣脉等。其中流传较广的当属清代邹圣脉乾隆二十五年（1760）增补的版本。邹圣脉在增补时将其更名为《幼学故事琼林》，简称《幼学琼林》。

　　程登吉其人其事，目前知之甚少，只在相关地方志内有寥寥数语记载。程登吉，字允升，明末西昌人。

　　邹圣脉生平同样所知有限，根据相关地方志及族谱可知，邹圣脉（1692—1762），字宜彦，别号梧冈，清代福建长汀县四堡雾阁（今属连城县）人。父亲邹抚南，字仁声，号梅图，是当时有名的乡绅及刻书家。他曾修筑"梅园"，并于其中教授邹圣脉诗书。邹圣脉自幼聪慧，善写文章，能作诗词，还写得一手好书法，但他终生放弃举业。他自筑的屋宅名为"寄傲山房"，本次译注采用的底本——清末李光明庄所刻邹本《寄傲山房塾课新增幼学故事琼林》即取名于此。

　　所谓"幼学"，《礼记·曲礼上》"人生十年曰幼学"，指的是孩童开始求学的那个阶段。

原书名《幼学须知》中,"须知"一词,简明通俗,说明程氏认为书中编写的内容为孩童求学初始阶段应该掌握的一应知识。

《幼学故事琼林》一名中,沿用了最初"幼学"一词,预设了该书的读者群。"故事"一词并不是指那种有生动连贯情节的文学作品,而是指旧日的典章制度、先例、典故等。所谓"琼林","琼"原为美玉,后来指一切美好的事物,那么"琼林"一词从字面上讲就是美好事物林林总总、应有尽有了。事实上,关于"琼林"的典故也确实绕不开它这个本意。例如在唐代,"琼林库"是用来典藏贡品之处。宋代,"琼林苑"是皇帝设宴款待新科进士的场所。黄梅戏经典选段《女驸马》中就有一句唱词叫"我也曾赴过琼林宴",说的就是皇帝在琼林苑宴请金榜题名之士的事情。由此可见,邹氏将自己增补过后的此书命名为"幼学故事琼林",一层意思是认为自己这部书囊括了孩童求学时段应知应会的一切制度规范、典故史事,另一层意思也是祝福看此书的小小少年将来能够金榜题名。从这些角度出发,"幼学故事琼林"这个名字,显然比"幼学须知"文化含义更为丰富、美好。

《幼学故事琼林》在流传过程中被简称为《幼学琼林》,该书特点如下:

语言上,长短多变,对仗工整。相比其他蒙学读物严格的三字或四字句式,《幼学琼林》的句式在长短上是不拘一格的。较短的三字、四字成句,如"滩之凶,无如虎臂;路之险,莫若羊肠"。较长的句子八字、九字都有,如"求士莫求全,勿以二卵弃干城之将;用人如用水,勿以寸朽弃连抱之材"。这样通篇读下来感受就生动活泼许多。同时由于每对邻近语句多对仗工整，所以读起来节奏感又很强，朗朗上口。这一点非常契合孩童开蒙阶段学习多以诵读记忆为主的特征。

内容上，知识广博，典故丰富。《幼学琼林》的内容上至天文下至地理，从婚丧嫁娶到宗教鬼神，从吃穿用度到人事情理，可以说无所不包，简直就是写给孩子们的百科全书。书中有很多即便在今天，也依然被大家所熟悉的典故。有研究指出，《幼学琼林》作为一部三万多字的蒙学读物，典故就有一千七百多个，不可谓不丰富。这些典故使《幼学琼林》的趣味性和故事性大大增强。

结构上，以类相从，条理清晰。虽然《幼学琼林》包罗万象，但读来并不觉得杂乱无章，这是因为它以编纂类书的技巧在做编排，注重"以类相从"。《幼学琼林》的内容并非类书那样是对其他典籍文句的摘录汇总，但结构排布上却绝不是随意为之。今传世本《幼学琼林》四卷内容共分三十三类，依次是：天文、地舆、岁时、朝廷、文臣、武职、祖孙父子、兄弟、夫妇、叔侄、师生、朋友宾主、婚姻、女子、外戚、老幼寿诞、身体、衣服、人事、饮食、宫室、器用、珍宝、贫富、疾病死丧、文事、科第、制作、技艺、讼狱、释道鬼神、鸟兽、花木。无论是卷一的天命自然君臣，卷二的人伦关系，还是卷三的人事日常，直到最后卷四的生活万象，其排列井然有序，也暗合了中国古代的很多规则和秩序。

除此之外，《幼学琼林》对每个"知识点"的介绍，都好似词条一样单独一句一句列出，我们甚至可以说它是一部非典型性词典。

本次整理所用底本《寄傲山房塾课新增幼学故事琼林》。此本四周双栏，分上下栏，上栏半页10行8字，下栏半页10行26字，小字双行夹注，白口，单黑鱼尾，字迹清晰疏朗。该版本在中国国家图书馆已完全数字化且免费开放，感兴趣的读者可以前往浏览。整理工作同时参考了清代钱元龙《幼学须知句解》、清代周达甫《幼学故事群芳》等学人的整理成果。

此次的整理本内容经过节选，特此说明。

由于作者水平有限，书中难免错讹疏漏，敬请方家批评指正。

张　婷

2023年3月

目 录

卷 一

天文 ·· 2
地舆 ·· 16
岁时 ·· 32
文臣 ·· 48
武职 ·· 63

卷 二

师生 ·· 72
朋友宾主 ·································· 76
婚姻 ·· 86
衣服 ·· 92

卷 三

人事 ·· 102

饮食 *146*
宫室 *155*
器用 *164*

卷 四

文事 *176*
科第 *192*
制作 *201*
技艺 *208*

卷一

天　文

混沌初开①，乾坤始奠②。

〔注释〕

①混沌：我国古代传说中指宇宙形成以前模糊一团的景象。
②乾坤：《易经》中的乾卦与坤卦。借指天地、阴阳、江山、局面等。

〔译文〕

宇宙最初被劈开的时候，天与地开始确立了自己的位置。

气之轻清上浮者为天，气之重浊下凝者为地。

〔译文〕

轻盈澄澈的向上飘浮的气形成了天，厚重浑浊的向下凝结的气形成了地。

日月五星①，谓之七政②；天地与人，谓之三才③。

〔注释〕

①五星：分别是金星、木星、水星、火星、土星。
②七政：中国古代天文学术语，具体指代内容说法不一，有说指北斗

七星,有说指天、地、人加四时,此处指前文提及的五星加日、月。
③三才:天、地、人。

〔译文〕

太阳、月亮,加上金、木、水、火、土五星称为七政。天、地、人称为三才。

日为众阳之宗,月乃太阴之象。

〔译文〕

太阳是一切阳性事物的源头,月亮则是至阴事物的象征。

虹名螮蝀①,乃天地之淫气;月著蟾蜍②,是皓魄之精光③。

〔注释〕

①螮(dì)蝀(dōng):虹霓,即彩虹的别称,又写作"蝃蝀"。《诗经·鄘风·蝃蝀》有"蝃蝀在东,莫之敢指"之句。
②著:有些版本此处为"里"。
③皓魄:明月。有些版本此处为"月魄"。

〔译文〕

虹霓名为螮蝀,是天地间的淫邪之气。月亮里的蟾蜍,是明月的精华。

风欲起而石燕飞①,天将雨而商羊舞②。

〔注释〕

①石燕:形状像燕子的石头。《水经注》中有"及其雷风相薄,则石燕群飞,颉颃如真燕矣"的句子。
②商羊:传说中的鸟名。每当大雨将至,它就会屈起一只脚起舞。

〔译文〕

狂风将起时燕形石会翻飞,大雨将至时商羊会舞蹈。

旋风名为羊角,闪电号曰雷鞭。

〔译文〕

旋风被称为羊角,闪电被叫作雷鞭。

青女乃霜之神①,素娥即月之号②。

〔注释〕

①青女:传说中掌管霜雪的神祇。
②素娥:即嫦娥。

〔译文〕

青女是掌管霜雪的神,嫦娥就是月亮的称号。

雷部至捷之鬼曰律令①,雷部推车之女曰阿香②。

〔注释〕

①律令:道教中走得最快的神。
②阿香:传说中推雷车的神。

〔译文〕

主管打雷的部门中行动最快捷的叫律令,负责推雷车的叫阿香。

云师系是丰隆①,雪神乃是滕六②。

〔注释〕

①丰隆:一说雷神,一说云神。
②滕六:传说中掌管雪的天神。

〔译文〕

云神是丰隆,雪神是滕六。

欻火①、谢仙②,俱掌雷火;飞廉③、箕伯④,悉是风神。

〔注释〕

①欻(xū)火:传说中的雷神。

②谢仙:神话传说雷部中的神名,主行火。

③飞廉:风神。相传是一种能招致大风的神禽,身似鹿,头如雀,有角,蛇尾,纹如豹。

④箕伯:中国古代神话中的风神。

〔译文〕

欻火、谢仙都是掌管雷火的天神。飞廉和箕伯都是风神。

列缺乃电之神①,望舒②是月之御③。

〔注释〕

①列缺:闪电,因空中闪电如同将天撕裂一般,故名。亦指闪电之神。

②望舒:神话中为月亮驾车的神,也指月亮。

③御:驾驭马车。

〔译文〕

列缺是闪电之神,望舒是月亮的车夫。

甘霖①、甘澍②,俱指时雨;玄穹③、彼苍④,悉称上天。

〔注释〕

①甘霖:久旱以后所下的雨。

②甘澍(shù):甘雨。

③玄穹:天空,苍天。
④彼苍:代指天。

〔译文〕

甘霖和甘澍都是指及时雨。玄穹和彼苍都是用来称呼上天的。

雪花飞六出①,先兆丰年;日上已三竿,乃云时晏②。

〔注释〕

①六出:即雪花。花的分瓣叫作"出",雪花六角,故别名"六出"。
②晏:迟,晚。

〔译文〕

六角雪花纷扬而落,预示来年丰收。太阳升至三竿之高,是说时候不早了。

蜀犬吠日①,比人所见甚稀;吴牛喘月②,笑人畏惧过甚。

〔注释〕

①蜀犬吠日:柳宗元在《答韦中立论师道书》中曾谈及他听说过"庸、蜀之南,恒雨少日,日出则犬吠",说蜀地经常下雨,很少见到太阳,因此一旦天晴日出,当地的狗都会因为惊奇而吠叫不停。后用"蜀犬吠日"比喻

少见多怪。

②吴牛喘月:据说江浙一带的水牛非常怕热,甚至会因为在见到月亮的时候将其误以为是太阳而发喘(见《世说新语·言语》)。比喻疑心遇到不利的情况而害怕。

〔译文〕

"蜀犬吠日"用来比喻人们少见多怪,"吴牛喘月"用来嘲笑有人太过畏惧。

望①切者②,若云霓之望③;恩深者,如雨露之恩。

〔注释〕

①望:期望。
②切:迫切。
③云霓之望:比喻迫切地盼望。《孟子·梁惠王下》有"民望之,若大旱之望云霓也"的句子。

〔译文〕

期望的迫切程度,就好像大旱之日盼望见到雨后彩虹那般;恩泽的深厚程度,就如同雨露滋润万物一样。

参商二星①,其出没不相见;牛女两宿,唯七夕一相逢。

〔注释〕

①参(shēn)商(shāng):即参星和商星。二者都是二十八星宿之一,参星在西,商星在东,二者此出则彼没,不同时在天空中出现。多比喻亲友不能够见面,杜甫有诗句"人生不相见,动如参与商"。

〔译文〕

参星和商星,它们此出彼没,难以相见。牛郎星与织女星,只在七夕相逢一次。

后羿妻,奔月宫而为嫦娥;傅说死①,其精神托于箕尾②。

〔注释〕

①傅说(yuè):据说是商王武丁的大臣,本为奴隶。另一说是商代的隐者,武丁梦到他后,凭记忆画了他的画像,命人根据画像搜寻,找到后将他立为相。
②箕尾:箕与尾均是二十八星宿之一。

〔译文〕

后羿的妻子飞奔到月宫成为嫦娥。傅说死后,他的精神寄托在箕、尾两星宿。

披星戴月,谓早夜之奔驰;沐雨栉风①,谓风尘之劳苦。

〔注释〕

①沐雨栉(zhì)风:雨洗发,风梳头。

〔译文〕

"披星戴月"说的是早出晚归、日夜奔忙。"沐雨栉风"形容的是不避风雨、奔波劳碌。

事非有意,譬如云出无心;恩可遍施,乃曰阳春有脚①。

〔注释〕

①阳春有脚:五代王仁裕《开元天宝遗事·有脚阳春》中有这样一句"宋璟爱人恤物,朝野归美,时人咸谓璟为有脚阳春,言所至之处,如阳春煦物也。"后用"阳春有脚"称誉贤明的官员。

〔译文〕

做事无意,就好像云彩出现亦属无心。恩惠广施,是说像春日有脚一样走遍八方、拂煦万物。

馈物致敬,曰敢效献曝之忱①;托人转移,曰全赖回天之力。

〔注释〕

①献曝(pù)之忱:曝,晒太阳。表示所献之物虽然稀松平常,献礼之心却是赤忱真挚。

〔译文〕

赠送礼物以表敬意的时候,说自己只是敢于效仿古人献曝之忱,聊表寸心罢了。拜托他人扭转局势的时候,说自己完全是依赖对方的回天之力。

感救死之恩曰再造,颂再生之德曰二天①。

〔注释〕

①二天:恩人。对庇护者的感恩之辞。

〔译文〕

感谢他人的救命之恩称再造,颂扬他人对自己的再生之德称他人为二天。

势易尽者若冰山,事相悬者如天壤①。

〔注释〕

①天壤:天和地,用于形容差别极大。

〔译文〕

容易耗尽的权势如同会融化的冰山一样,事与事之间差距的悬殊就如同天与地的距离。

晨星谓贤人寥落,雷同谓言语相符。

〔译文〕

晨星是形容贤人稀少,雷同是形容随声附和、说同样的话。

心多过虑,何异杞人忧天①;事不量力,不殊夸父追日②。

〔注释〕

①杞人忧天:传说杞国有个人,害怕天会塌下来,吃饭睡觉都感到不安。后来用以借指为不必要忧虑的事情而忧虑。
②夸父追日:古代神话。夸父一路追赶太阳,口渴了喝黄河、渭河水还不够,继续往别处去找水,因此渴死在了半路上。他遗留下的木杖变成了一片树林。后用以比喻决心大或者不自量力。

〔译文〕

心思太多思虑过度,与杞人忧天有什么差别?做事不量力而为,和夸父追日没什么两样。

如夏日之可畏,是谓赵盾①;如冬日之可爱,是谓

赵衰②。

〔注释〕

①赵盾:即赵宣子。晋灵公即位后荒淫暴虐,他多次劝谏。后因为要躲避灵公杀害而出走。族人赵穿杀灵公后,赵盾归,拥立晋成公。

②赵衰(cuī):字子余,春秋时晋国大夫。跟从晋文公重耳流亡在外十九年,辅佐晋文公成就霸业。

〔译文〕

像夏天的毒日头一样让人害怕,说的是赵盾;如冬日暖阳一般让人心生喜爱,说的是赵衰。

齐妇含冤,三年不雨;邹衍下狱①,六月飞霜。

〔注释〕

①邹衍:战国时齐人。长于思辨,倡五德终始说等,为阴阳家的先驱。

〔译文〕

齐地妇人含冤而亡,此地三年干旱,滴雨未落;邹衍遭人陷害锒铛入狱,酷热六月天霜雪突降。

父仇不共戴天,子道须当爱日①。

〔注释〕

①子道:子女对父母应当遵循的道德规范。

〔译文〕

杀父仇人,我们不能与之共同生活在同一片天空下;身为人子,应当珍惜可以爱敬父母的时日。

盛世黎民,嬉游于光天化日之下①;太平天子,上召夫景星庆云之祥②。

〔注释〕

①光天化日:指大家看得很清楚的地方。
②景星庆云:古代以为祥瑞的事物或征兆。景星,即德星,又称瑞星。相传这种星出现在有德有道之国。庆云,五色云,祥瑞之云。

〔译文〕

盛世的百姓可以在朗朗乾坤光天化日下自由自在嬉戏游玩,太平时期的皇帝能够召唤出德星和五彩云的祥瑞。

夏时大禹在位,上天雨金①;《春秋》《孝经》既成,赤虹化玉。

〔注释〕

①雨(yù):下(雨、雪等)。

〔译文〕

夏朝大禹在位时,上天下了金雨;《春秋》《孝经》编成后,赤虹变化成美玉。

箕好风①,毕好雨②,比庶人愿欲不同;风从虎,云从龙③,比君臣会合不偶。

〔注释〕

①箕:二十八星宿之一,主风。
②毕:二十八星宿之一,主雨。
③"风从虎"二句:比喻事物之间的相互感应。

〔译文〕

箕星主风,毕星主雨,就好比百姓每个人的愿望欲求各不相同。风随虎起,云从龙动,就好比君臣相遇不是偶然。

雨旸①时若②,系是休征③;天地交泰,斯称盛世。

〔注释〕

①旸(yáng):晴天。
②时若:四时和顺。
③休征:吉祥的征兆。

〔译文〕

或雨或晴,四时和顺,这是吉祥的征兆。天地祥和,万物通泰,这才是太平盛世。

地　舆

黄帝画野①,始分都邑;夏禹治水,初奠山川。

〔注释〕

①画野:划分疆域。

〔译文〕

从黄帝划分疆域开始,才有了城市之分。大禹治水,奠定了山川走向。

宇宙之江山不改,古今之称谓各殊。

〔译文〕

天地间的山河没有改变,人们对它们的称呼古往今来各不相同。

北京原属幽燕①,金台是其异号②;南京原是建业,金陵又是别名。

〔注释〕

①幽燕:地区名。今河北北部及辽宁一带。战国时属燕国,唐以前属

幽州,所以称幽燕。

②金台:指古燕都北京。

〔译文〕

北京原本属于幽燕之地,金台是它的别称。南京原本叫作建业,金陵是它的别名。

浙江是武林之区①,原为越国;江西是豫章之地②,又曰吴皋③。

〔注释〕

①武林:旧时杭州的别称,因武林山得名。
②豫章:古郡名,治所在今江西南昌。用豫章代指江西。
③吴皋:这里指吴国的边界。江西在春秋战国时与吴国接壤,所以又用吴皋来指代江西。

〔译文〕

浙江从前称为武林,是古时候越国的领土。江西从前称为豫章,又称吴皋。

福建省属闽中,湖广地名三楚①。

〔注释〕

①三楚:秦汉时将楚地分为西楚、东楚、南楚,合称三楚。诗文中多泛

指长江中游以南,今湖南、湖北一带地区。

〔译文〕

福建省属于闽中,湖广之地名为三楚。

东鲁西鲁,即山东山西之分;东粤西粤,乃广东广西之域。

〔译文〕

东鲁和西鲁,就是山东和山西的区分。东粤和西粤,就是广东和广西的各自领域。

河南在华夏之中①,故曰中州;陕西即长安之地,原为秦境。

〔注释〕

①华夏:原本指我国中原地区,后来囊括了我国全部领土,成为我国的古称。

〔译文〕

河南位于中国的中部,所以叫作中州。陕西是长安的所在地,原本属于秦国境内。

四川为西蜀,云南为古滇。

〔译文〕

四川是西蜀,云南是古滇国。

贵州省近蛮方①,自古名为黔地②。

〔注释〕

①蛮方:古代指南方。
②黔:贵州一带的简称。

〔译文〕

贵州接近南方,自古被称为黔地。

东岳泰山,西岳华山,南岳衡山,北岳恒山,中岳嵩山,此为天下之五岳;饶州之鄱阳,岳州之青草,润州之丹阳,鄂州之洞庭,苏州之太湖,此为天下之五湖。

〔译文〕

东岳泰山,西岳华山,南岳衡山,北岳恒山,中岳嵩山,它们是天下的五大名山。饶州的鄱阳湖,岳州的青草湖,润州的丹阳湖,鄂州的洞庭湖,苏州的太湖,它们是天下的五大名湖。

金城汤池①,谓城池之巩固;砺山带河②,乃封建之誓盟③。

〔注释〕

①金城汤池:金属造的城墙,灌满滚水的护城河。形容坚固不易攻破的城池。

②砺山带河:砺,磨刀石。山,泰山。带,衣带。河,黄河。泰山小得像一块磨刀石,黄河细得像一条衣带。汉高祖刘邦分封功臣时所说的话,意思是除非出现上述情况,否则分封绝不变化。类似这种用语还有"山无棱,天地合,乃敢与君绝"等。

③封建:一种政治制度。君主把土地分给宗室和功臣,让他们在这片土地上建国。

〔译文〕

"金城汤池"一词是说城池牢固,坚不可摧。"砺山带河"是分封时的盟约。

帝都曰京师,故乡曰梓里①。

〔注释〕

①梓(zǐ)里:故乡。古代常在家屋旁栽种桑树和梓树,又说家乡的桑树和梓树是父母种的,后人用桑、梓比喻故乡。

〔译文〕

帝王所居住的都城称为京师,故乡称为梓里。

蓬莱弱水①,惟飞仙可渡;方壶②圆峤③,乃仙子所居。

〔注释〕

①弱水:传说中的水名。
②方壶:传说中的仙山。
③圆峤:亦作"员峤",传说中的仙山。

〔译文〕

蓬莱和弱水,只有会飞的神仙才可以渡过。方壶和圆峤,都是神仙居住之所。

沧海桑田①,谓世事之多变;河清海晏②,兆天下之升平。

〔注释〕

①沧海桑田:大海变成桑田,桑田变成大海,比喻世事变化巨大。桑田,农田。
②河清海晏:黄河水清了,大海没有浪了,比喻天下太平。河,黄河。晏,平静。

〔译文〕

"沧海桑田"比喻世事多变。"河清海晏"预示天下太平。

水神曰冯夷①,又曰阳侯②;火神曰祝融③,又曰回禄④。

〔注释〕

①冯夷:传说中的黄河之神,即河伯。
②阳侯:古代传说中的波涛之神。
③祝融:帝喾时候的火官,后被尊为火神。
④回禄:传说中的火神,多借指火灾。

〔译文〕

水神叫冯夷,又叫阳侯。火神叫祝融,又叫回禄。

海神曰海若①,海眼②曰尾闾③。

〔注释〕

①海若:传说中的海神。
②海眼:泉眼,泉水的流入口。古人认为井泉的水潜流地下,通向江海,故有此称呼。
③尾闾:古代传说中泄海水之处。

〔译文〕

海神叫海若,海眼叫尾闾。

望人包容,曰海涵;谢人恩泽,曰河润①。

〔注释〕

①河润:形容恩泽及人如同河水滋润土地。

〔译文〕

希望别人包容会说海涵,感谢他人的恩泽会说河润。

无系累者曰江湖散人①,负豪气者曰湖海之士。

〔注释〕

①系累:束缚,捆绑,拘囿。

〔译文〕

身无所累的人被称为江湖散人,有豪迈气概的人被称为湖海之士。

问舍求田①,原无大志;掀天揭地②,方是奇才。

〔注释〕

①问舍求田:置屋买田。多形容只求个人小利,并无远大志向。
②掀天揭地:翻天覆地。比喻声势浩大、本领高强。

〔译文〕

只求置屋买田,这原本是胸无大志的表现。能够翻天覆地干一番大事,才是奇才。

平空起事,谓之平地风波;独立不移①,谓之中流砥柱。

〔注释〕

①独立:单独站立,无所依傍。

〔译文〕

无缘无故发生的事情被称为平地风波,屹立于急流之中不依靠其他且不动摇被称为中流砥柱。

黑子弹丸①,极言致小之邑;咽喉右臂,皆言要害之区。

〔注释〕

①黑子:黑痣。比喻地方狭小。

〔译文〕

"黑子弹丸"形容非常小的城邑,"咽喉右臂"是指非常重要的区域。

独立难持,曰一木焉能支大厦;英雄自恃,曰丸泥亦可封函关①。

〔注释〕

①函关:即函谷关。

〔译文〕

单独做事没有依靠很难坚持长久,会说:"一根木头怎么能支撑整栋大厦呢?"英雄自负,会说:"一颗泥丸也可以封锁函谷关。"

事先败而后成,曰失之东隅收之桑榆①;事将成而终止,曰为山九仞功亏一篑②。

〔注释〕

①失之东隅收之桑榆:比喻这个时候失败了,另一个时候得到了补偿。东隅,东方日出处,指早晨。桑榆,西方日落处,日落时太阳的余晖照在桑树、榆树的树梢,指傍晚。
②为山九仞功亏一篑:比喻功败垂成。

〔译文〕

事情先是不顺利但后面取得成功,这种情况被称作"失之东隅收之桑榆"。事情即将完成却停了下来,这种情况被称作"为山九仞功亏一篑"。

以蠡测海①,喻人之小见;精卫衔石②,比人之徒劳。

〔注释〕

①以蠡(lí)测海:用瓢测海水,比喻以浅陋之见揣度事物。
②精卫衔石:出自古代神话故事"精卫填海",说炎帝的女儿在东海淹死后化作精卫鸟,每天衔西山的木石来填东海。

〔译文〕

"以蠡测海"比喻人极小的见识,"精卫衔石"比喻人做事徒劳无功。

跋涉谓行路艰难,康庄谓道途平坦。

〔译文〕

"跋涉"指行路艰难,"康庄"指路途平坦。

硗地曰不毛之地①,美田曰膏腴之田。

〔注释〕

①硗(qiāo):(土地)不肥沃。

〔译文〕

"硗地"指的是不毛之地,"美田"说的是膏腴之田。

得物无所用,曰如获石田①;为学已大成,曰已登道岸②。

〔注释〕

①石田:不可耕种的田地,借指没用的东西。

②已登道岸:已经到了道路的尽头。比喻学问已经大有成就。岸,道路的尽头。

〔译文〕

形容得到没有什么用处的东西,说"如获石田"。形容做学问已经取得很大成就,说"已登道岸"。

淄渑之滋味可辨①,泾渭之清浊当分②。

〔注释〕

①淄渑(miǎn):指淄水和渑水。相传两水味道不同,比喻截然不同的两种事物。

②泾渭:指泾水和渭水。泾河水清,渭河水浑,比喻界限清楚。

〔译文〕

淄水和渑水的味道可以辨别,泾水和渭水的清浊应当区分。

泌水乐饥①,隐居不仕;东山高卧②,谢职求安③。

〔注释〕

①泌(bì)水乐饥:《诗经》有"泌之洋洋,可以乐饥"之句。当"乐饥"解释为"缓解饥饿,充饥"之意时(郑玄),"乐"通"疗";当解释为"乐道以忘饥"时(朱熹),"乐"取欢乐之意。二者皆通。

②东山高卧:《晋书》中讲到,东晋时期谢安辞官到会稽附近的东山隐居,经常有文人前来拜访他,他与客人饮酒赋诗,从不过问朝政。比喻隐居不仕,生活安闲。

③谢职:辞职。

〔译文〕

泌水浩浩汤汤,使人怡然自乐忘却饥饿,所以隐居此处的人们不愿出仕为官。谢安在东山隐居,辞去官职后只求安逸。

圣人出则黄河清,太守廉则越石见①。

〔注释〕

①越石:即越王石。传说福州城东有越王石,平常隐没在云雾里,只有当地太守公正廉明时,越王石才出现。

〔译文〕

世间有圣人出现的时候黄河水就会变清澈,太守廉洁的时候越王石才会显现出来。

淳俗曰仁里①,恶俗曰互乡②。

〔注释〕

①仁里:仁者居住的地方,后泛指风俗淳美的乡里。
②互乡:地名,后泛指风俗鄙陋之地。

〔译文〕

风俗淳朴的地方叫仁里,风俗恶劣的地方叫互乡。

里名胜母,曾子不入;邑号朝歌,墨翟回车。

〔译文〕

因为地名为胜母,以孝著称的曾子就不肯进入此地。反对享乐的墨翟,临近朝歌就调转车头。

击壤而歌①,尧帝黎民之自得;让畔而耕②,文王百姓之相推③。

〔注释〕

①击壤而歌:古时候人们一边投击土块一边唱歌的状态,用以表现太平盛世,人人丰衣足食。
②让畔:古代传说由于圣王的德化,种田人互相谦让,在田界处让对方多占有土地,表现出君子礼让之风。
③相推:互相推让。

[译文]

击壤而歌,这是尧帝时期百姓自得其乐的景象。让畔而耕,这是周文王时期百姓互相礼让之风盛行的样子。

费长房①有缩地之方②,秦始皇有鞭石之法③。

[注释]

①费长房:东汉汝南人,相传能缩地成寸,能医治重病,可鞭笞百鬼。
②缩地:传说中化远为近的神仙法术。
③鞭石:相传秦始皇想造一座桥过海,有神人用鞭子抽打石头,驱赶石头入海成桥。形容造桥有如神助或成桥的神奇。

[译文]

相传费长房有缩地成寸的法术,秦始皇时期有神仙帮他鞭石成桥。

尧有九年之水患,汤有七年之旱灾。

[译文]

尧在位时期有九年的水患,商汤主政时期有七年的旱灾。

商鞅不仁而阡陌开,夏桀无道而伊洛竭①。

〔注释〕

①伊洛:伊水和洛水。

〔译文〕

商鞅没有实施仁政,而是变法改革,废井田开阡陌。夏桀暴君无道,伊水和洛水因之而枯竭。

道不拾遗,由在上有善政;海不扬波,知中国有圣人。

〔译文〕

路不拾遗,是因为统治者实施仁政。海不扬波,由此可知中国有圣人存在。

岁 时

爆竹一声除旧,桃符万户更新①。

〔注释〕

①桃符:古代人们在大门上挂的两块画着门神或题着门神名字的桃木板。古人认为挂桃符能压邪,后来有人在上面贴春联,因此桃符也借指春联。熟悉的相关诗句例如王安石的"千门万户曈曈日,总把新桃换旧符"。

〔译文〕

爆竹声响,代表旧的一年已经过去。千家万户新桃换旧符,万象更新。

履端是初一元旦,人日是初七灵辰。

〔译文〕

履端是指正月初一,新年头一天。人日是指正月初七,是良辰吉日。

元日献君以《椒花颂》①,为祝遐龄②;元日饮人以屠苏酒③,可除疠疫。

〔注释〕

①椒花颂:典出《晋书》卷九十六《列女传·刘臻妻陈氏传》。晋人刘臻的妻子陈氏,聪慧能写文章,曾经在正月初一献《椒花颂》。后遂用为典,指新年祝词,如"椒花丽句"指新年祝词使用的美好语句。

②遐龄:老年人高寿的敬语。

③屠苏酒:古代一种酒名,亦作"屠酥"。相传农历正月初一饮此酒,可以避邪,不染瘟疫。

〔译文〕

新年第一天为尊长献上《椒花颂》,用来祝愿健康长寿。新年第一天请人饮用屠苏酒,用来去除疫病。

新岁曰王春①,去年曰客岁②。

〔注释〕

①王春:阴历新春。

②客岁:旧的一年。

〔译文〕

新的一年叫王春,已经过去的一年叫客岁。

火树银花合①,指元宵灯火之辉煌;星桥铁锁开②,谓元夕金吾之不禁③。

〔注释〕

①火树银花合:唐代苏味道《正月十五夜》中的诗句。
②星桥铁锁开:唐代苏味道《正月十五夜》中的诗句。
③金吾:古官名。负责皇帝及大臣警卫、仪仗以及巡查京师、掌管治安的武职官员。其名称、体制、权限历代多有不同,汉有执金吾,唐宋以后有金吾卫、金吾将军、金吾校尉等。

〔译文〕

"火树银花合"描述的是元宵之夜灯火辉煌的景象,"星桥铁锁开"指元宵之夜宵禁取消。

二月朔为中和节①,三月三为上巳辰。

〔注释〕

①朔:农历的每月初一。

〔译文〕

二月初一是中和节,三月初三是上巳节。

冬至百六是清明,立春五戊①为春社②。

〔注释〕

①五戊(wù):古代以十天干配十二地支,即以干支方法记年、月、日、

时辰。逢戊子、戊寅、戊辰、戊午、戊申、戊戌这六天就叫戊日,也称六戊。第五个戊日为春社,即每年从历书上查当年立春后的第五个带戊的日子。

②春社:古代在春耕开始前祭祀土神,以祈求丰收。

〔译文〕

　　冬至过后一百零六天是清明节,立春后的第五个戊日是春社。

寒食节是清明前一日,初伏日是夏至第三庚。

〔译文〕

　　清明的前一天是寒食节,夏至后的第三个庚日是初伏开始的日子。

四月乃是麦秋①,端午却为蒲节②。

〔注释〕

①麦秋:麦子成熟的季节,大概农历四五月。
②蒲节:即端午节。因旧时风俗,端午节在门上挂菖蒲叶,故称。

〔译文〕

　　四月是麦子成熟的时节,端午节又叫菖蒲节。

六月六日,节名天贶①;五月五日,节号天中②。

〔注释〕

①天贶(kuàng)：上天的恩赐。天贶节为宋代的节日名，宋真宗大中祥符四年正月诏，以六月六日天书再降日为天贶节。贶，赠予，赏赐。
②天中节：端午节的别称。

〔译文〕

六月初六是天贶节，五月初五是天中节，即端午节。

端阳竞渡，吊屈原之溺水；重九登高，效桓景之避灾。

〔译文〕

端午节龙舟竞赛是为了凭吊屈原投汨罗江身亡。九月初九重阳节登高是为了仿效桓景登高躲避灾难。

五戊鸡豚宴社①，处处饮治聋之酒；七夕牛女渡河，家家穿乞巧之针。

〔注释〕

①社：古代把土地神以及祭祀土地神的地方、日子、祭礼都叫社。

〔译文〕

春社、秋社之日，人们杀鸡宰猪举办宴会，祭祀土地神，当天到处都会饮用治耳聋的酒。七月初七牛郎织女渡过银河相会,当天家家户户都会穿针乞巧。

中秋月朗,明皇亲游于月殿①;九日风高,孟嘉帽落于龙山。

〔注释〕

①月殿:即月宫。

〔译文〕

中秋之夜朗月当空,唐明皇亲自到月宫游览。重阳节登高处风大,孟嘉的帽子都在龙山被风吹落了。

秦人岁终祭神曰腊①,故至今以十二月为腊;始皇当年御讳曰政,故至今读正月为征。

〔注释〕

①腊:古代在农历十二月里合祭众神叫作腊,因此农历十二月又叫腊月。

〔译文〕

秦朝人年末祭祀神灵称腊,所以至今十二月仍被称为腊月。秦始皇的名讳是政,为了避讳,至今正月的正仍被读为征的音。

东方之神曰太皞①,乘②震③而司春,甲乙属木,木则旺于春,其色青,故春帝曰青帝。南方之神曰祝融④,居离而司夏,丙丁属火,火则旺于夏,其色赤,故夏帝曰赤帝。西方之神曰蓐收⑤,当兑而司秋,庚辛属金,金则旺于秋,其色白,故秋帝曰白帝。北方之神曰玄冥⑥,乘坎而司冬,壬癸属水,水则旺于冬,其色黑,故冬帝曰黑帝。中央戊己属土,其色黄,故中央帝曰黄帝。

〔注释〕

①太皞(hào):又作太昊,即伏羲氏。
②乘:处于,位于。后文"居""当"意义相同。
③震:八卦之一。后文"离""兑""坎"意义相同。
④祝融:火神。
⑤蓐(rù)收:中国古代传说中的西方神名。
⑥玄冥:北方之神,有说为水神,有说为冬神。

〔译文〕

东方之神叫太昊,处在震位,掌管春天,对应天干中的甲乙,甲乙又属五行中的木,由于木在春季旺盛,且木为青色,所以春帝又叫青帝。南方之神叫祝融,处于离位,掌管夏天,对应天干中的丙丁,而丙丁又属五行中的火,夏季火旺,呈红色,所以夏帝又叫赤帝。西方之神叫蓐收,处于兑位,掌管秋天,对应天干中的庚辛,庚辛属于五行中的金,秋季旺金,金属色白,所以秋帝又称白帝。北方之神叫玄冥,处于坎位,掌管冬天,对应天干中的壬癸,五行中属水,水旺于冬季,对应黑色,所以冬帝又叫黑帝。中央对应天干中的戊己,五行属土,对应黄色,所以中央之神称黄帝。

夏至一阴生,是以天时渐短;冬至一阳生,是以日晷初长①。

〔注释〕

①日晷:古代利用太阳投射的影子来测定时刻的装置。此处指太阳的影子。

〔译文〕

从夏至开始,阴气生发,所以白日渐短。自冬至起,阳气生发,所以日影渐长,白日渐长。

冬至到而葭灰飞①,立秋至而梧叶落。

〔注释〕

①葭灰:芦苇内壁薄膜烧成的灰。古人烧苇膜成灰,置于律管中,放于密室内,用于占卜气候。当某一节候到的时候,对应律管中的葭灰就会飞出,表示该节候已到。

〔译文〕

冬至到的时候,葭灰就会飞出来。立秋时节,梧桐叶就会飘落。

上弦谓月圆其半①,系初八九;下弦谓月缺其半②,系廿二三。

〔注释〕

①上弦:月相的一种,中国农历的每月初七或初八,月亮呈反C形,这种月相叫上弦,此时的月亮叫上弦月。
②下弦:月相的一种,中国农历每月二十二或二十三,月亮呈C形,这种月相叫下弦,此时的月亮叫下弦月。

〔译文〕

上弦月指月亮半圆的状态,时间是农历每月初八、初九。下弦月是月亮缺了一半的状态,时间是农历每月的二十二、二十三。

月光都尽谓之晦①,三十日之名;月光复苏谓之朔②,初一日之号;月与日对谓之望③,十五日之称。

〔注释〕

①晦:农历每月的最后一天。
②朔:农历每月初一。
③望:月圆之日,农历每月十五(有时是十六或十七)。

〔译文〕

月光完全消失的日子称为晦日,是农历每月最后一天(多数为每月的三十日)的别称。月光开始恢复的日子称为朔日,是农历每月初一的别称。月与日遥遥相对的日子称望日,是农历每月月圆之日(多数为每月的十五日)的别称。

初一是死魄①,初二旁死魄,初三哉生明,十六始生魄。

〔注释〕

①魄:旧时指月亮有光的部分为明,无光的部分为魄。朔日(每月初一)后月明渐增,月魄渐减,即月亮越来越亮,故朔日称"死魄"。相反望日(月圆之日,约每月十五日)之后,月明渐减,月魄渐增,即月亮越来越暗,故望日称"生魄"。

〔译文〕

农历每月初一月光最暗(此后逐渐明亮),为死魄之日。初二月光的状态接近初一。初三月明渐渐显露。从十六日开始月亮无光的部分又逐渐增多。

翼日①、诘朝②,皆言明日;谷旦③、吉旦,悉是良辰。

〔注释〕

①翼日:次日,明日。翼,通"翌"。
②诘朝:亦作诘旦,次日清晨。
③谷旦:良辰,晴朗美好的日子,旧时常常用作吉日的代称。

〔译文〕

翼日、诘朝,都是说的明日。谷旦、吉旦都是美好的日子。

片晌即谓片时,日曛乃云日暮①。

〔注释〕

①日曛(xūn):日色昏黄,天色已晚。

〔译文〕

片晌就是片刻,日曛说的是日暮之时。

畴昔①曩者②,俱前日之谓;黎明昧爽③,皆将曙之时。

〔注释〕

①畴昔:从前。
②曩(nǎng):以往,从前,过去的。
③昧爽:拂晓,黎明。昧,昏暗。爽,光亮。

〔译文〕

畴昔、曩者,说的都是过往的日子。黎明、昧爽,都是天快亮的时候。

月有三浣①:初旬十日为上浣,中旬十日为中浣,下旬十日为下浣;学足三余②:夜者日之余,冬者岁之余,雨者晴之余。

〔注释〕

①三浣:也称三澣,唐制,官吏十日一休沐,沐谓澣濯。后来对一个月上旬、中旬、下旬,亦称上澣、中澣、下澣,合称三澣。

②余:空闲时间。

〔译文〕

每一个月分为三浣,上旬的十日为上浣,中旬的十日为中浣,下旬的十日为下浣。学习要充分利用三类空闲时间:一天的空余时间,即夜晚;一年的空闲时间,即冬季;晴天之外的空闲时间,即雨天。

以术愚人,曰朝三暮四;为学求益,曰日就月将①。

〔注释〕

①日就月将:每天有成就,每月有进步,形容积少成多,不断长进。就,成就。将,前进。

〔译文〕

用手段来愚弄别人,比如朝三暮四。治学追求进益,叫日就月将。

焚膏继晷①，日夜辛勤；俾昼作夜②，晨昏颠倒。

〔注释〕

①焚膏继晷(guǐ)：点燃灯烛来接替日光继续照明,形容夜以继日地用功读书或努力工作。膏,灯油。晷,日影。
②俾(bǐ)昼作夜：把白昼当作夜晚,不分昼夜寻欢作乐。

〔译文〕

焚膏继晷,指日夜辛勤学习或工作。俾昼作夜,指晨昏颠倒。

自愧无成，曰虚延岁月；与人共语，曰少叙寒暄①。

〔注释〕

①寒暄：见面时谈天气冷暖之类的应酬话。

〔译文〕

羞愧于自己的一事无成,说虚延岁月。与他人交谈称少叙寒暄。

可憎者，人情冷暖；可厌者，世态炎凉。

〔译文〕

可憎的事情是人情冷暖,可厌的事情是世态炎凉。

周末无寒年,因东周之懦弱;秦亡无燠岁①,由嬴氏之凶残。

〔注释〕

①燠(yù):暖,热。

〔译文〕

周王朝末年并没有过于寒冷的年份,因为周朝末期的统治太过于懦弱。秦朝灭亡的时候也没有出现过于暖热的年份,因为秦朝的统治太过于凶残。

泰阶星①平曰泰平②,时序调和曰玉烛③。

〔注释〕

①泰阶星:古代星座名,又称三台星,分上台、中台、下台三组,每组两颗,共六颗星。每两颗星并排次第斜上,如阶梯。
②泰平:太平,时世安宁和平。
③玉烛:四时之气和畅,形容太平盛世。

〔译文〕

泰阶星排列平正预示天下太平,四时季节顺序和畅称为玉烛。

岁歉①曰饥馑之岁②,年丰曰大有之年③。

〔注释〕

①歉:年成歉收。
②饥馑:收成不好,灾荒。
③大有:丰收。

〔译文〕

收成不好的年岁称饥馑之年,丰收的年份称大有之年。

唐德宗之饥年,醉人为瑞;梁惠王之凶岁,野莩堪怜①。

〔注释〕

①野莩(piǎo):荒野里饿死的人。莩,通"殍"。饿殍,饿死的人。

〔译文〕

唐德宗时期的饥荒之年,喝醉酒的人都被看作祥瑞。梁惠王在位时的灾荒之年,野外饿死的人实在让人可怜。

丰年玉,荒年谷,言人品之可珍;薪如桂,食如玉,言薪米之腾贵①。

〔注释〕

①腾贵:物价上涨,昂贵。

〔译文〕

丰年的美玉、荒年的谷子,这些都是形容一个人的品格珍贵。柴薪如同桂树,粮食如同玉石,这些都是在说柴米价格昂贵。

春祈秋报,农夫之常规;夜寐夙兴①,吾人之勤事。

〔注释〕

①夜寐(mèi)夙(sù)兴:晚睡早起。

〔译文〕

春耕时祈福求丰收,秋收时祭祀表达感谢,这是农民的日常做法。晚睡早起,这是我们勤劳做事的表现。

韶华不再①,吾辈须当惜阴;日月其除,志士正宜待旦②。

〔注释〕

①韶华:美好的时光。
②待旦:等待天明,指要有紧迫感。

〔译文〕

美好的时光不再来,我们应当珍惜光阴。时光飞逝,有志之士应当时刻努力。

文　臣

帝王有出震向离之象①,大臣有补天浴日之功②。

〔注释〕

①出震:八卦中的震卦位于东方,出震,即出于东方,后以出震指帝王登基。
②补天浴日:古代神话传说,女娲炼石补天与羲和浴日甘渊的并称,比喻功勋巨大。

〔译文〕

帝王有出于东方震位面向南方离位的卦象。大臣们有女娲补天与羲和浴日一样的功劳。

三公上应三台①,郎官上应列宿。

〔注释〕

①三公:古代中央三种最高官衔的合称。

〔译文〕

三公对应天上的三台星。郎官也与天上众多的星宿一一对应。

宰相位居台铉①,吏部职掌铨衡②。

〔注释〕

①台铉(xuàn):三台星和鼎。铉,鼎耳,以代鼎。鼎三足,有三公之象,所以用来比喻宰辅重臣。
②铨(quán)衡:衡量轻重的器具,引申为考核选拔人才。

〔译文〕

宰相的位置如同台铉一般重要。吏部负责选拔与考核官员。

吏部天官①大冢宰②,户部地官③大司徒④。

〔注释〕

①天官:官名,《周礼》分设六官,以天官冢宰为首,总御百官。
②大冢宰:职官名,周代六卿之首,亦称太宰。后世称吏部尚书为大冢宰。
③地官:《周礼》所定古代六官之一,掌管国家土地与人民。武则天曾改户部为地官,所以用地官称呼户部长官。
④大司徒:地官之长。

〔译文〕

吏部长官为天官,称大冢宰;户部长官为地官,称大司徒。

礼部春官①大宗伯②,兵部夏官③大司马④。

〔注释〕

①春官:《周礼》六官之一,掌管礼法、祭祀等。

②大宗伯:春官之长,掌管邦国祭祀、典礼等。

③夏官:《周礼》中的六官之一,掌管军政和军赋。

④大司马:夏官之长。

〔译文〕

礼部长官即春官,称大宗伯;兵部长官为夏官,称大司马。

刑部秋官①大司寇②,工部冬官③大司空④。

〔注释〕

①秋官:《周礼》六官之一,掌管刑狱。

②大司寇:秋官之长,管刑狱、纠察等。

③冬官:《周礼》六官之一,掌管工程制作。

④大司空:冬官之长,主管土木工程等。

〔译文〕

刑部长官为秋官,称大司寇;工部长官为冬官,称大司空。

都宪中丞,都御史之号;内翰学士,翰林院之称。

〔译文〕

都宪和中丞都是都御史的称号。内翰和学士都是对翰林院的称呼。

天使①,誉称行人②;司成,尊称祭酒。

〔注释〕

①天使:天神的使者,皇帝的使者。
②行人:使者的通称。

〔译文〕

天使是对使者的美称。司成是对祭酒的尊称。

称都堂曰大抚台,称巡按曰大柱史。

〔译文〕

管都堂叫大抚台,管巡按叫大柱史。

方伯、藩侯,左右布政之号;宪台、廉宪,提刑按察之称。

〔译文〕

方伯、藩侯是左右布政使的称号。宪台、廉宪是提刑按察使的称号。

宗师称为大文衡①,副使称为大宪副。

〔注释〕

①宗师:明清时期对提督学道和提督学政的尊称。

〔译文〕

宗师,即提督学道、提督学政,被称为大文衡;副使被称为大宪副。

郡侯、邦伯,知府名尊;郡丞、贰侯,同知誉美。

〔译文〕

郡侯、邦伯,是对知府的尊称。郡丞、贰侯,是对同知的美称。

郡宰、别驾,乃称通判;司理、廌史①,赞美推官。刺史、州牧,乃知州之两号;廌史、台谏,即知县之尊称。

〔注释〕

①廌(zhì):獬豸,传说中能辨明曲直的神兽。

〔译文〕

郡宰、别驾是对通判的称呼。司理、廌史,是对推官的美称。

刺史、州牧是知州的两种称号。廌史、台谏,是对知县的尊称。

乡宦曰乡绅①,农官曰田畯②。

〔注释〕

①乡宦:退休后居住乡里的官宦。
②田畯(jùn):田啬夫,掌管农事。或泛指农民。

〔译文〕

乡宦又叫乡绅,农官又称田畯。

钧座、台座,皆称仕宦;帐下、麾下,并美武官。

〔译文〕

钧座、台座都是对官员的称呼。帐下、麾下都是对武官的美誉。

秩官既分九品,命妇亦有七阶①。

〔注释〕

①命妇:封建社会被赐予封号的妇女,一般为官员的母亲、妻子。

〔译文〕

官员分九个等级,被赐予封号的妇女也分七个品级。

一品曰夫人,二品亦夫人,三品曰淑人,四品曰恭人,五品曰宜人,六品曰安人,七品曰孺人。

〔译文〕

一品称夫人,二品也称夫人,三品称淑人,四品称恭人,五品称宜人,六品称安人,七品称孺人。

妇人受封曰金花诰^①,状元报捷曰紫泥封^②。

〔注释〕

①金花诰(gào):古代以金花绫罗纸书制的赐爵封赠的诰书。
②紫泥封:古代以泥封书信,泥上盖印。皇帝诏书用紫泥。

〔译文〕

妇人受封的诰书称为金花诰,新科状元报捷的文书称为紫泥封。

唐玄宗以金瓯覆宰相之名^①,宋真宗以美珠钳谏臣之口。

〔注释〕

①金瓯(ōu):金盆。

〔译文〕

唐玄宗用金盆扣住写有宰相姓名的纸张,以试太子之才。宋真宗为了不让大臣劝谏,特赐予大臣珍珠表示堵住其口。

金马玉堂①,羡翰林之声价;朱幡皂盖②,仰郡守之威仪。

〔注释〕

①金马玉堂:指金马门和玉堂署,汉时学士待诏之处,后用来指称翰林院或翰林学士。
②朱幡皂盖:红色的车幛、黑色的车盖,古代指官员乘坐的车子,也借指官员。幡,车两边的遮蔽物。皂,黑。

〔译文〕

金马玉堂是羡慕翰林学士名声身价之词。朱幡皂盖是仰慕郡守的威严仪仗。

台辅①曰紫阁②明公③,知府曰黄堂太守④。

〔注释〕

①台辅:三公宰相。
②紫阁:宰相府第。
③明公:对有名位之人的尊称。

④黄堂:古代太守衙的正堂,借指太守。

〔译文〕

台辅叫紫阁明公,知府称黄堂太守。

府尹之禄二千石,太守之马五花骢。

〔译文〕

府尹的俸禄是二千石,太守所乘车驾的配马是五花骢。

代天巡狩,赞称巡按;指日高升,预贺官僚。

〔译文〕

代表天子巡视地方,这是对巡按的美誉。指日高升,这是预先祝贺官员升迁之语。

初到任曰下车,告致仕曰解组。

〔译文〕

官员刚刚到任就职称为下车。辞去官职称为解组。

藩垣屏翰①,方伯犹古诸侯之国②;墨绶铜章③,令尹即古子男之邦。

〔注释〕

①藩垣(yuán)：藩篱和垣墙，泛指屏障。
②方伯：泛指地方长官。
③墨绶：结在印纽上的黑色丝带，是县官及其职权的象征。

〔译文〕

地方长官犹如古代诸侯国的诸侯，管理着地方区域，使之如同藩篱与垣墙一般护卫着中央。墨绶铜章象征着令尹的职权，他们管辖之地犹如过去子爵与男爵封地的规模。

太监掌阉门之禁令，故名阉宦；朝臣皆搢①笏②于绅间，故曰搢绅③。

〔注释〕

①搢(jìn)：插。
②笏(hù)：古代君臣在朝廷上相见时手中所拿的狭长的板子，材质为玉、象牙或竹子，用来记事，后来只有大臣使用。
③搢绅：插笏于绅。绅，古代仕宦者和儒者围在腰间的大带子。

〔译文〕

太监掌管宫门禁令，所以叫阉宦。朝臣们都把笏板插在腰带间，所以叫搢绅。

萧曹相汉高①,曾为刀笔吏②;汲黯相汉武,真是社稷臣。

〔注释〕

①相:辅佐。
②刀笔吏:掌管文案的低级官吏。

〔译文〕

萧何与曹参辅佐汉高祖,他们都曾经做过主管文案的小官。汲黯辅佐汉武帝,堪称关系国家安危的重臣。

召伯布文王之政①,尝舍甘棠之下,后人思其遗爱,不忍伐其树;孔明有王佐之才,尝隐草庐之中,先主慕其令名,乃三顾其庐。

〔注释〕

①布:陈述,推行。

〔译文〕

召伯推行周文王的政令,曾经在甘棠树下休息。后世之人思念他遗留下来的仁爱之风,不忍心将这棵树砍伐。诸葛亮有辅佐帝王的才干,曾经隐居在草庐中。刘备仰慕他的名望,三顾茅庐邀请他出山。

鱼头参政①,鲁宗道秉性骨鲠;伴食宰相②,卢怀慎居位无能。

〔注释〕

①鱼头参政:即后文鲁宗道。因鲁宗道姓鲁(鱼字头),曾任参知政事,性情又如鱼骨般耿直坚硬,故名。

②伴食宰相:只陪着人家一道吃饭的宰相,用来讽刺无所作为、不称职的官员。

〔译文〕

鲁宗道性情耿直,因鲁为鱼字头,又曾任参知政事,故名鱼头参政。卢怀慎身居相位却不作为,人称"伴食宰相"。

王德用,人称黑王相公;赵清献,世号铁面御史。

〔译文〕

王德用被人们称为黑王相公。赵清献铁面御史的称号闻名于世。

汉刘宽责民,蒲鞭示辱;项仲山洁己,饮马投钱①。

〔注释〕

①饮马投钱:比喻为人廉洁、不损公肥私。

〔译文〕

汉代刘宽责罚犯错的民众时,只以蒲草为鞭以示羞辱。项仲山为人廉洁,严于律己,哪怕在河边饮马也会向水中投钱。

李善感直言不讳,竞称鸣凤朝阳①;汉张纲弹劾无私,直斥豺狼当道。

〔注释〕

①鸣凤朝阳:比喻贤臣遇到明君。

〔译文〕

李善感说话直截了当,人们争相称他为鸣凤朝阳。汉代张纲弹劾奸臣时向来铁面无私,直接呵斥他们是豺狼当道。

民爱邓侯之政,挽之不留;人嫌谢令之贪,推之不去。

〔译文〕

百姓拥戴邓攸的政令,纷纷挽留却也留不住他。人们厌恶谢令的贪婪,想把他赶走却赶不走。

廉范守蜀郡,民歌五裤;张堪守渔阳,麦穗两歧①。

〔注释〕

①歧:叉开,分开。

〔译文〕

廉范任蜀郡太守的时候,百姓歌唱说自己裤子有五条之多。张堪做渔阳太守时,一根麦子都能结出两个麦穗。

鲁恭为中牟令,桑下有驯雉之异①;郭伋为并州守,童儿有竹马之迎②。

〔注释〕

①雉:野鸡。
②竹马:儿童游戏时放在胯下当马骑的竹竿。

〔译文〕

鲁恭担任中牟县令的时候,桑树下出现野鸡被驯服的异象。郭伋担任并州太守时,孩童骑着竹马欢迎他。

鲜于子骏,宁非一路福星;司马温公,真是万家生佛。

〔译文〕

鲜于子骏,每到一处,都是当地百姓的福星。司马光恩德遍施,堪称千家万户的活菩萨。

鸾凤不栖枳棘①,羡仇香之为主簿;河阳遍种桃花,乃潘岳之为县官。

〔注释〕

①枳(zhǐ)棘:枳木和棘木,因其多刺被称为恶木。

〔译文〕

鸾鸟与凤凰不会栖息在枳木或者棘木这些恶木上(即良禽择木而栖之意),这是称赞仇香做了主簿。河阳县到处都种植桃花,因为潘岳是县令。

刘昆宰江陵,昔日反风灭火;龚遂守渤海,令民卖刀买牛。此皆德政可歌,是以令名攸著。

〔译文〕

刘昆管理江陵时,曾经使风调转方向助其灭火。龚遂镇守渤海的时候,曾经劝说百姓卖刀买牛耕田种地。这些都是值得歌颂的德政,使得施政者的美名如此显著。

武　职

韩柳欧苏,固文人之最著;起翦颇牧,乃武将之多奇。

〔译文〕

韩愈、柳宗元、欧阳修、苏轼,是文人中最有名的。白起、王翦、廉颇、李牧,是武将中最足智多谋的。

范仲淹胸中具数万甲兵,楚项羽江东有八千子弟。

〔译文〕

范仲淹心中有数万甲兵,西楚霸王项羽手下有八千江东子弟兵。

孙膑吴起,将略堪夸;穰苴尉缭,兵机莫测。

〔译文〕

孙膑和吴起用兵的谋略值得夸赞,司马穰苴和尉缭用兵的计谋变幻莫测。

姜太公有《六韬》，黄石公有《三略》。

〔译文〕

姜太公有《六韬》，黄石公有《三略》。

韩信将兵，多多益善；毛遂讥众，碌碌无奇。

〔译文〕

韩信领兵打仗，数量越多越好。毛遂讥讽其他众多门客，说他们是碌碌无为之人。

大将曰干城①，武士曰武弁②。

〔注释〕

①干城：盾牌和城墙，比喻捍卫国家的将士。
②武弁（biàn）：武士的帽子，后指称武士。弁，古代男人戴的帽子。

〔译文〕

捍卫国家的将士被称为干城，武士被称为武弁。

都督称为大镇国，总兵称为大总戎。

〔译文〕

都督亦称大镇国，总兵也叫大总戎。

都阃即是都司[1],参戎即是参将。

〔注释〕

①都阃(kǔn):统兵在外的将帅。

〔译文〕

都阃就是都司,参戎就是参将。

千户有户侯之仰,百户有百宰之称。

〔译文〕

千户被尊称为户侯,百户也被称为百宰。

以车为户曰辕门[1],显揭战功为露布[2]。

〔注释〕

①辕门:古时军营的门或者官署的外门。
②露布:军中捷报,因其不封口,故有此称呼。

〔译文〕

用车辕搭成的门称为辕门,宣布战功的文书称为露布。

下杀上谓之弑,上伐下谓之征。

〔译文〕

下杀上称为弑,上讨伐下称为征。

交锋为对垒,求和曰求成。

〔译文〕

交锋称为对垒,求和称作求成。

战胜而回,谓之凯旋;战败而走,谓之奔北。

〔译文〕

打了胜仗后归来,称为凯旋。打了败仗后逃走,称为奔北。

为君泄恨曰敌忾,为国救难曰勤王。

〔译文〕

为君王发泄愤恨称为敌忾,替国家解除危难称为勤王。

胆破心寒,比敌人慑服之状;风声鹤唳,惊士卒败北之魂。

〔译文〕

胆破心寒是用来比喻敌人因为畏惧而臣服的状态。风声鹤唉是表现士兵战败溃逃时惊魂落魄的样子。

汉冯异当论功,独立大树下,不夸已绩;汉文帝尝劳军①,亲幸细柳营②,按辔徐行③。

〔注释〕

①劳军:慰劳军队。
②幸:皇帝亲临。
③按辔徐行:轻轻按着缰绳,让马慢慢地走。辔,马缰绳。

〔译文〕

汉代的冯异每当人们谈论功绩的时候,总是独自站在大树下,从来不夸耀自己的成绩。汉文帝曾经慰劳军中士兵,亲自来到细柳营,还扣紧马的缰绳让马缓慢前行。

苻坚自夸将广,投鞭可以断流①;毛遂自荐才奇,处囊便当脱颖②。

〔注释〕

①投鞭断流:前秦的苻坚进攻东晋时骄傲地说自己有很多的军队,多到把每个士兵的马鞭子丢到江里就能阻断水流。语出《晋书·苻坚载记》,后用来形容人马众多、兵力强大。
②处囊便当脱颖:化用《史记·平原君虞卿列传》中毛遂所说"臣乃今日请处囊中耳。使遂蚤得处囊中,乃脱颖而出",比喻一个人的才智得到

机会就一定会显露出来。

〔译文〕

　　苻坚夸耀自己的兵将众多，多到人人把马鞭投入江水就可以使江水断流。毛遂自荐称自己有奇才，就像锥子放入布袋就会立即凸显出来。

　　羞与哙等伍，韩信降作淮阴；无面见江东，项羽羞归故里。

〔译文〕

　　韩信降为淮阴侯后，与樊哙等人为伍，他对此感到羞耻。项羽兵败后羞于回家乡，称自己无颜面对江东父老。

　　韩信受胯下之辱，张良有进履之谦①。

〔注释〕

　　①履：鞋子。

〔译文〕

　　韩信受过胯下之辱，张良有谦卑地帮老人拾鞋穿鞋的经历。

卫青为牧猪之奴,樊哙为屠狗之辈。

〔译文〕

卫青曾经做过放猪的奴仆,樊哙也曾经是杀狗的屠夫。

求士莫求全,毋以二卵弃干城之将;用人如用木,毋以寸朽弃连抱之材①。

〔注释〕

①连抱:连臂合抱,多形容树木之粗大。

〔译文〕

选拔人才的时候不要追求完美,不要因为两个鸡蛋一样的小事就放弃能够护卫国家的将才。用人就像用木材一样,不要因为方寸间的朽烂就放弃整根粗大的木材。

总之,君子身,可大可小;丈夫志,能屈能伸。

〔译文〕

总而言之,君子应该既能担得起大事,也能做小事。大丈夫要能屈能伸。

自古英雄,难以枚举;欲详将略,须读武经。

〔译文〕

　　古往今来的英雄人物多到无法一一列举。想要详细了解将帅谋略,必须熟读武经。

卷二

师　生

马融设绛帐,前授生徒,后列女乐;孔子居杏坛,贤人七十,弟子三千。

〔译文〕

马融设置红色帷帐,前面教授学生,后面陈列歌舞女子。孔子在杏坛讲学,弟子三千,贤能之人七十。

称教馆曰设帐①,又曰振铎②;谦教馆曰糊口③,又曰舌耕④。

〔注释〕

①设帐:设馆授徒。
②振铎:摇铃。古代宣布政教法令时会先摇铃以警示民众,称振铎,后指从事教职。铎,有舌的大铃。
③糊口:勉强维持生活。
④舌耕:依靠教书谋生。

〔译文〕

设立教馆授徒讲学称之为设帐,也称振铎。谦称自己设立教馆讲学是糊口,也叫舌耕。

师曰西宾①,师席曰函丈②;学曰家塾③,学俸曰束脩④。

〔注释〕

①西宾:旧时宾位在西,故称。常用作对家塾教师或幕友的敬称。

②函丈:亦作函杖,原谓讲学者与听讲者座席之间相距一丈,后用以指讲学的座席,也是对前辈学者或老师的敬称。函,犹容也。

③家塾:指旧时把老师请到家里来教自己的子弟的私塾,有的兼收亲友子弟。

④束脩:捆成一捆十条的肉干,是古代学生入学时给老师的报酬。

〔译文〕

老师称为西宾,老师的座席称为函丈。在家的学校称为家塾,讲学所得报酬称为束脩。

桃李在公门,称人弟子之多;苜蓿长阑干,奉师饮食之薄。

〔译文〕

"桃李在公门"是称赞他人弟子众多。"苜蓿长阑干"是说供奉给老师的饮食十分简陋。

冰生于水而寒于水,比学生过于先生;青出于蓝而胜于蓝,谓弟子优于师傅。

〔译文〕

　　冰生于水而寒于水是比喻学生胜过老师,青出于蓝而胜于蓝是说学生比老师优秀。

　　未得及门①,曰宫墙外望;称得秘授,曰衣钵真传。

〔注释〕

　　①及门:登门(正式拜师求学)。

〔译文〕

　　没能进入师门当学生,就说宫墙外望;得到老师秘密传授知识,就说是衣钵真传。

　　人称杨震为关西夫子,世称贺循为当世儒宗。

〔译文〕

　　人们称呼杨震为关西夫子,称呼贺循为当世儒宗。

　　负笈千里,苏章从师之殷;立雪程门,游杨敬师之至。

〔译文〕

　　负笈千里,可见苏章寻师问学的殷切心情。程门立雪,足见游酢和杨时尊师重道的真挚程度。

弟子称师之善教,曰如坐春风之中;学业感师之造成,曰仰沾时雨之化。

〔译文〕
弟子称赞师父教得好,会说"如坐春风之中";学业有成时感激恩师的造化之功,会说"仰沾时雨之化"。

朋友宾主

取善辅仁,皆资朋友;往来交际,迭为主宾。

〔译文〕

吸取优点培养自身的仁德,都要依靠朋友。人与人的往来交际,主人或宾客的身份总会轮到。

尔我同心,曰金兰;朋友相资,曰丽泽①。

〔注释〕

①丽泽:两个沼泽相连,比喻朋友互相切磋。亦比喻恩泽。

〔译文〕

你我同心称为金兰,朋友间的互相资助称为丽泽。

东家曰东主,师傅曰西宾①。

〔译文〕

东家又叫东主,师傅叫作西宾。

父所交游,尊为父执;己所共事,谓之同袍。

〔译文〕

与父亲交往的朋友,尊称为父执。与自己共事的人,称为同袍。

心志相孚为莫逆①,老幼相交曰忘年。

〔注释〕

①相孚:相符。

〔译文〕

情投意合称为莫逆,年长者与年幼者的交往称为忘年之交。

刎颈交,相如与廉颇;总角好①,孙策与周瑜。

〔注释〕

①总角:古代未成年人把头发扎成的左右两个发髻,借指幼年。总角之好,指幼年时就相识的好朋友。

〔译文〕

刎颈之交,说的是蔺相如与廉颇。总角之好,说的是孙策与周瑜。

胶漆相投①,陈重之与雷义;鸡黍之约②,元伯之与巨卿。

〔注释〕

①胶漆相投:形容朋友间亲密投合。
②鸡黍之约:比喻情意深重,信守诺言。范巨卿在太学时和张元伯是好朋友,后来两人各自回乡时约定了两年后范巨卿去拜访张元伯。两年后,约定的日期快到之时,元伯把事情告诉了母亲,让她布置好酒食恭候巨卿。母亲说:"都分别两年了,千里之外约定的事情,你怎么就这么相信呢?"元伯回答说:"巨卿是讲信用的人,一定不会违背诺言。"到了那天,巨卿果然应约而来。

〔译文〕

如胶似漆的友谊,说的是陈重与雷义。鸡黍之约,指的是元伯与巨卿。

与善人交,如入芝兰之室,久而不闻其香;与恶人交,如入鲍鱼①之肆②,久而不闻其臭。

〔注释〕

①鲍鱼:咸鱼。
②肆(sì):店铺,如茶楼酒肆。

〔译文〕

与良善之人交往,就如同进入布满香草的房间,时间久了就闻不到芳香了。与恶人交往,就好比进入卖咸鱼的铺子,时间久了也感受不到腥臭了。

肝胆相照,斯为腹心之友;意气不孚,谓之口头之交。

〔译文〕

肝胆相照,才是真正推心置腹的好朋友。心意并不相投的表面朋友,称为口头之交。

彼此不合,谓之参商;尔我相仇,如同冰炭。

〔译文〕

彼此并不相契合,称之为参星与商星。你我之间相互仇视,就如同冰与火不相容。

民之失德,干糇①以愆②;他山之石,可以攻玉。

〔注释〕

①干糇(hóu):干粮,泛指普通的食品。
②愆(qiān):过失。

〔译文〕

人们一旦失去了德行,哪怕干粮这样普通的东西也会引发纠纷。别的山上坚硬的石头,可以用来琢磨自家的玉器。

落月屋梁①,相思颜色;暮云春树②,想望丰仪。

〔注释〕

①落月屋梁:唐代杜甫《梦李白》有"落月满屋梁,犹疑照颜色",比喻对朋友的思念。颜色,面容。

②暮云春树:唐代杜甫《春日忆李白》有"渭北春天树,江东日暮云",表示对远方友人的思念。

〔译文〕

月光照在屋梁上,仿佛也照见了我思念你的容貌。看到暮云与春树,就想起了朋友的风姿与仪表。

王阳在位,贡禹弹冠以待荐①;杜伯非罪,左儒宁死不徇君。

〔注释〕

①弹冠:弹去帽冠上的灰尘,比喻由相友善者援引出仕。

〔译文〕

王阳身居官位,贡禹就弹掉自己帽子上的灰,等待被举荐。杜伯无罪却要被错杀,左儒宁愿跟随他一同赴死也不顺从君王。

分首判袂,叙别之辞;拥彗扫门①,迎迓之敬②。

〔注释〕

①拥彗扫门:手持扫帚,为贵宾在前面扫地引路,形容待客之礼极为诚敬。彗,扫帚。

②迎迓(yà):迎接。

〔译文〕

分首、判袂,都是话别的词语。拥彗、扫门,都是表示迎接的敬辞。

陆凯折梅逢驿使,聊寄江南一枝春;王维折柳赠行人,遂唱《阳关三叠》曲。

〔译文〕

陆凯折梅时碰见驿使,便托他将一枝梅花带给朋友(范晔),说姑且就当赠予江南这一枝春色吧。王维折下柳条赠予即将远行的人(元二),于是就有了临别唱诵的《阳关三叠》曲。

频来无忌,乃云入幕之宾①;不请自来,谓之不速之客。

〔注释〕

①入幕之宾:关系亲近的人或参与研商机密的人。

〔译文〕

毫无顾忌地经常往来之人,称为入幕之宾。没有得到邀请而自己来的人,称为不速之客。

醴酒不设①,楚王戊待士之意怠;投辖于井②,汉陈遵留客之心诚。

〔注释〕

①醴(lǐ):甜酒。
②辖(xiá):大车轴头上穿着的小铁棍,可以管住车轮使其不脱落。

〔译文〕

不准备甜酒,这说明楚王刘戊对待士人(穆生)的心意已经怠慢了。汉代陈遵把客人的车辖投入井里,这表明他挽留客人之心很诚挚。

蔡邕倒屣以迎宾,周公握发而待士①。

〔注释〕

①握发:来自"握发吐哺",从"一沐三握发,一饭三吐哺"简化而来,意思是洗一次头,要三次握住头发,中止洗头来接待士人;吃一顿饭,要三次把食物吐出来,来回答士人的问题。比喻为国家礼贤下士、殷切求才。

〔译文〕

蔡邕倒穿着鞋出来迎接宾客,周公手握还没洗完的头发接待士人。

陈蕃器重徐稚,下榻相延^①;孔子道遇程生,倾盖而语^②。

〔注释〕

①延:接待。
②倾盖:指途中相遇的时候停下车来交谈,双方车盖往一起倾斜,形容一见如故或偶然的接触。

〔译文〕

陈蕃器重徐稚,特意设坐榻接待他。孔子在路上遇见程生,两人近距离亲切交谈以至于车盖都挨在了一起。

伯牙绝弦失子期,更无知音之辈;管宁割席拒华歆,谓非同志之人。

〔译文〕

钟子期去世后,俞伯牙弄断了琴弦,因为从此以后没有了通晓音律的知己。管宁割裂席子拒绝华歆,说二者不是志同道合之人。

分金多与,鲍叔独知管仲之贫;绨袍垂爱①,须贾深怜范叔之窘。

〔注释〕

①绨(tí)袍:厚缯(古代对丝织品的统称)制成的袍子。

〔译文〕

鲍叔牙分钱的时候总是多给管仲一份,因为只有他知道管仲很贫穷。看到范雎的窘境,须贾赠送他绨袍以表示关爱。

要知主宾联以情,须尽东南之美;朋友合以义,当展切偲之诚①。

〔注释〕

①切偲(sī):相互敬重、相互切磋勉励的样子。

〔译文〕

应该知道主人和客人之间要以情感相互联结,双方必须都是东南地区的优秀人才。朋友之间想要情投意合,就应该展现出互相敬重、相互切磋勉励的诚意。

婚　姻

良缘由夙缔①,佳偶自天成。

〔注释〕

①夙:以前的,旧有的。

〔译文〕

美好的姻缘由前世缔结,称心的配偶由上天造就。

蹇修与柯人,皆是媒妁之号;冰人与掌判,悉是传言之人。

〔译文〕

蹇修和柯人,都是媒人的称号。冰人与掌判,指的都是为男女双方传话之人。

礼须六礼之周,好合二姓之好。女嫁曰于归,男婚曰完娶。

〔译文〕

婚姻的礼仪必须六礼齐备,以便男女缔结百年之好。女子出嫁称于归,男子婚配称完娶。

婚姻论财,夷虏之道;同姓不婚,《周礼》则然。

〔译文〕

根据财物的多寡来讨论婚嫁,这是野蛮落后民族的行为。同姓之人不能婚配,这是《周礼》中就已有的规定。

女家受聘礼,谓之许缨;新妇谒祖先,谓之庙见①。

〔注释〕

①庙见:古代婚礼,妇人夫家,若公婆已故,则于三月后至家庙参拜公婆神位。

〔译文〕

女方家庭接受聘礼,称为许缨。新妇于家庙拜见已故公婆,称为庙见。

文定纳采,皆为行聘之名;女嫁男婚,谓了子平之愿①。

〔注释〕

①子平之愿:子平,即东汉时向长,字子平。子平之愿又称向平之愿,指称子女婚嫁事。子女婚嫁事毕,称向平愿了。了,完结。

〔译文〕

文定、纳采,都是下聘礼的意思。女子出嫁、男子婚配,被称是了子平之愿。

聘仪曰雁币,卜妻曰凤占;成婚之日曰星期①,传命之人曰月老。

〔注释〕

①星期:民间传说为牛郎、织女两星相会之期,后指婚期。

〔译文〕

男方给女方的聘仪称为雁币,占卜娶妻之卦称为凤占。成婚的那一天称星期,替男女传话的人称月老。

下采即是纳币,合卺系是交杯①。

〔注释〕

①合卺(jǐn):古代婚礼中的一个仪式,代指成婚。

〔译文〕

把聘礼送到女方家称为纳币,合卺就是喝交杯酒。

执巾栉①,奉箕帚,皆女家自谦之辞;娴姆训②,习

《内则》③,皆男家称女之说。

〔注释〕

①巾栉(zhì):毛巾和梳子,泛指盥洗用具。
②姆训:女师的劝诫。
③《内则》:《礼记》中的一篇,讲妇女应该遵守的规范。

〔译文〕

执巾栉、奉箕帚,都是女方家庭自谦的话。娴姆训、习《内则》,都是男方家庭称赞女方的说法。

绿窗是贫女之室,红楼是富女之居。

〔译文〕

绿窗指贫穷女子的居室,红楼指富贵女子的住所。

桃夭谓婚姻之及时,摽梅谓婚期之已过①。

〔注释〕

①摽(biào)梅:梅子成熟已落下,比喻女子已错过最佳结婚年龄。

〔译文〕

桃夭指婚配很适时,摽梅则是说适婚年龄已过。

御沟题叶,于祐始得宫娥;绣幕牵丝,元振幸获美女。

〔译文〕

于祐在皇宫水沟中捡到题有诗句的红叶,后来娶了那位题诗宫女为妻。郭元振牵到藏在绣幕后面女子手中的丝线,有幸娶得美女为妻。

汉武对景帝论妇,欲将金屋贮娇;韦固与月老论婚,始知赤绳系足。

〔译文〕

汉武帝与景帝谈论娶妻之事,想将金屋用来让阿娇居住。韦固与月老谈论婚姻之事,才知道结为夫妻之人早已被红绳系住了脚。

朱陈一村而结好,秦晋两国以成婚。

〔译文〕

朱陈村中,朱、陈两姓世代联姻。秦国与晋国也是长期互通婚姻。

蓝田种玉,雍伯之缘;宝窗选婿,林甫之女。

〔译文〕

雍伯在蓝田种玉进而遇到美满姻缘,李林甫之女借由暗窗观察来选择佳婿。

架鹊桥以渡河,牛女相会;射雀屏而中目,唐高得妻。

〔译文〕

牛郎织女借助鹊桥渡过银河才能相会,唐高祖李渊射中了屏风上孔雀的眼睛,因此娶得贤妻。

至若礼重亲迎,所以正人伦之始;《诗》首好逑,所以崇王化之原。

〔译文〕

至于说婚礼重视丈夫亲自前往女家迎接妻子,是为了从一开始就端正婚姻礼法关系。《诗经》第一首就是"君子好逑",这是为了尊崇帝王教化的根本。

衣 服

冠称元服,衣曰身章。

〔译文〕

帽子称为元服,衣服称为身章。

曰弁①曰冔②曰冕③,皆冠之号;曰履曰舄曰屣④,悉鞋之名。

〔注释〕

①弁(biàn):古代男子戴的帽子。
②冔(xǔ):古代的一种帽子。
③冕:天子、诸侯、卿大夫所戴的礼帽,后来专指帝王的礼帽。
④舄(xì):鞋。

〔译文〕

弁、冔、冕都是帽子的别称。履、舄、屣都是鞋的名称。

上公命服有九锡①,士人初冠有三加②。

〔注释〕

①九锡:中国古代皇帝赐给诸侯、大臣有殊勋者的九种礼器,是最高

礼遇的表示。

②三加:古代男子行冠礼,先加缁布冠,次加皮弁,后加爵弁,为三加。

〔译文〕

上公的制服上装饰有天子御赐的九种器物,士人成年行冠礼时要戴三种帽子。

簪缨①缙绅②,仕宦之称③;章甫缝掖④,儒者之服。布衣即白丁之谓,青衿⑤乃生员之称⑥。

〔注释〕

①簪缨:古代官吏的冠饰,比喻显贵。

②缙绅:因插笏于绅带间是古代官宦的装束,所以缙绅是古代对有官职的或者做过官的士大夫的称呼,也作搢绅。

③仕宦:为官。

④章甫缝掖:指儒者或儒家学说。章甫,商代的一种冠,后指称儒者的冠帽。缝掖,也作缝腋,大袖单衣,古代儒者的服饰,亦指代儒者。

⑤青衿:青色交领长衫,旧时读书人穿的衣服,借指读书人。

⑥生员:明清指通过最低一级考试,取入府、县学的人,俗称秀才。

〔译文〕

簪缨、缙绅,是对为官之人的称呼。章甫、缝掖,都是儒者的衣服。布衣是对平民的称呼,青衿是对秀才的称谓。

葛屦履霜①，诮俭啬之过甚；绿衣黄里，讥贵贱之失伦。

〔注释〕

①葛屦(jù)：用葛草编成的鞋。

〔译文〕

穿着草鞋在霜雪上行走，这是讥讽节俭吝啬得太过了。绿色的外衣黄色的衬里，这是讥讽贵贱无序、有失伦常。

上服曰衣，下服曰裳；衣前曰襟，衣后曰裾。

〔译文〕

上身穿的叫作衣，下身穿的叫作裳。衣服的前片称为襟，衣服的后片称为裾。

敝衣曰褴褛，美服曰华裾。

〔译文〕

破烂的衣服称褴褛，华美的衣服称华裾。

襁褓乃小儿之衣，弁髦亦小儿之饰①。

〔注释〕

①弁：黑色布帽。髦：童子眉际垂发。

〔译文〕

褓襁是婴儿的衣服,弁髦是孩童的装束。

左衽是夷狄之服①,短后是武夫之衣。

〔注释〕

①左衽:衣襟向左。

〔译文〕

左衽是夷狄的服饰特征,后面较短是武夫衣服的特点。

尊卑失序,如冠履倒置;富贵不归,如锦衣夜行。

〔译文〕

尊卑失序就好比帽子和鞋子颠倒了位置。富贵发达后不衣锦回乡,就好比锦衣夜行,不为人知。

狐裘三十年,俭称晏子;锦幛四十里,富羡石崇。

〔译文〕

一件狐裘穿了三十年,晏子的节俭为人所称道。石崇列锦制帷帐四十里,人们羡慕他的富贵。

孟尝君珠履三千客①,牛僧孺金钗十二行。

〔注释〕

①珠履:用珠子装饰的鞋。

〔译文〕

孟尝君门客三千,都穿珠子装饰的鞋。牛僧孺姬妾众多,个个都戴金钗。

千金之裘,非一狐之腋;绮罗之辈,非养蚕之人。

〔译文〕

价值千金的毛皮衣服,不是由一只狐狸腋下的皮毛制成。身穿绫罗绸缎的人,不是养蚕织布的人。

贵者重茵叠褥①,贫者裋褐不完②。

〔注释〕

①茵:垫子或褥子。
②裋(shù)褐(hè):粗布衣服。

〔译文〕

富贵之人用的坐垫和褥子都是重重叠叠很厚的,贫穷的人穿着破烂不堪的粗布衣服。

卜子夏甚贫,鹑衣百结①;公孙弘甚俭,布被十年。

〔注释〕

①鹑(chún)衣:破烂不堪、补丁很多的衣服。

〔译文〕

卜子夏非常贫穷,衣服打满了补丁。公孙弘非常节俭,布被子用了十年。

南州冠冕①,德操称庞统之迈众;三河领袖,崔浩羡裴骏之超群。

〔注释〕

①南州冠冕:南方人才中最杰出的人。冠冕,古代帝王、官员戴的帽子,比喻首位。

〔译文〕

南州冠冕,是司马德操称赞庞统德才出众之语。三河领袖,是崔浩用来称美裴骏才学超群的。

虞舜制衣裳,所以命有德;昭侯藏敝裤,所以待有功。

〔译文〕

舜创制衣裳,赐给有德行的人。韩昭侯把旧裤子收起来,等着赏赐给有功的人。

唐文宗袖经三浣,晋文公衣不重裘。

〔译文〕

唐文宗的衣袖洗了多次,晋文公不同时穿两层皮衣。

衣履不敝,不肯更为,世称尧帝;衣不经新,何由得故,妇劝桓冲。

〔译文〕

尧帝只要衣服鞋子没有破损就不更换新的,世人因此称颂他。桓冲妻子劝他说,如果不穿新衣服,哪里来的旧衣服呢?

王氏之眉贴花钿,被韦固之剑所刺;贵妃之乳服诃子,为禄山之爪所伤。

〔译文〕

王氏眉心贴着花钿装饰,是为了掩盖被韦固利剑刺伤的伤痕。杨贵妃穿着胸衣,是因为她的乳房被安禄山抓伤了。

姜氏翕和①,兄弟每宵同大被;王章未遇②,夫妻寒夜卧牛衣③。

〔注释〕

①翕(xī)和:和顺。
②遇:得志,被赏识。
③牛衣:用麻或草织的给牛保暖的护被。

〔译文〕

姜氏兄弟十分和睦,每晚盖一张大被同眠。王章还没有发达时,夫妻二人寒夜卧在牛的护被中御寒。

绶带轻裘,羊叔子乃斯文主将;葛巾野服,陶渊明真陆地神仙。

〔译文〕

系着宽松的衣带,穿着轻暖的皮裘,羊叔子被称为斯文主将。头戴葛布头巾,身穿村野服饰,陶渊明真称得上是陆地上的神仙。

服之不衷①,身之灾也;缊袍不耻②,志独超欤。

〔注释〕

①衷:合适,恰当。

②缊(yùn)袍：以乱麻为絮的袍子。

〔译文〕

　　服饰不适合自己的身份，会招来杀身之祸。身穿缊袍却不以为耻，志向的确超越众人啊！

卷 三

人　事

《大学》首重夫明新①,小子莫先于应对②。

〔注释〕

①明新:即"明明德"和"新民"。
②小子(zǐ):晚辈。

〔译文〕

《大学》最重要的就是阐明美好的德行和使人向善,对于晚辈来说,没有什么比学习应对的话语和礼仪更重要了。

其容固宜有度,出言尤贵有章。

〔译文〕

人的仪容固然应该适合法度,说话尤其要注重条理章法。

智欲圆而行欲方,胆欲大而心欲小。

〔译文〕

智慧应该圆融而行为应该端正,做事的时候要胆子大、心思细。

阁下、足下,并称人之辞;不佞①、鲰生②,皆自谦之语。

〔注释〕

①不佞(nìng):没有才能(常用来表示自谦)。
②鲰(zōu)生:浅薄愚陋的人,多作自称的谦辞。

〔译文〕

阁下、足下,都是对他人的敬称。不佞、鲰生,都是自谦之辞。

恕罪曰宽宥,惶恐曰主臣。

〔译文〕

宽恕罪过称"宽宥",惶恐称作"主臣"。

大春元、大殿选、大会状,举人之称不一;大秋元、大经元、大三元,士人之誉多殊。

〔译文〕

大春元、大殿选、大会状,对举人的称呼不一而足。大秋元、大经元、大三元,对士人的赞誉多有不同。

大掾史,推美吏员;大柱石,尊称乡宦。

〔译文〕

大掾史是对官吏的美称,大柱石是对乡宦的尊称。

贺入学曰云程发轫①,贺新冠曰元服加荣②。

〔注释〕

①云程发轫:旧时祝人前程远大的颂辞。云程,青云万里的路程。发轫,启车行进,比喻事业的开端。

②元服:冠。古代行冠礼称为加元服。

〔译文〕

祝贺入学称为"云程发轫",祝贺行冠礼称为"元服加荣"。

贺人荣归,谓之锦旋①,作商得财,谓之稇载②。

〔注释〕

①锦旋:衣锦荣归。
②稇(kǔn)载:满载。稇,用绳索捆束。

〔译文〕

祝贺人荣归故里称为"锦旋",经商做生意挣了钱称为"稇载"。

谦送礼曰献芹①,不受馈曰反璧②。

〔注释〕

①献芹:谦称赠人的礼品菲薄或提出的建议浅陋。
②反璧:退还玉璧。

〔译文〕

送礼的谦称是"献芹",不接受馈赠叫"反璧"。

谢人厚礼曰厚贶①,自谦礼薄曰菲仪②。

〔注释〕

①贶(kuàng):赠,赐。
②菲仪:谦辞,菲薄的礼物。

〔译文〕

感谢他人送厚礼,丰厚的赠礼称"厚贶",谦称自己送的礼物并不贵重称"菲仪"。

送行之礼,谓之赆仪①;拜见之赀,名曰贽敬②。

〔注释〕

①赆(jìn)仪:送行的礼物。赆,送别时赠送的财物。
②贽(zhì)敬:为表示敬意所送的礼品,如旧时拜师送的礼。贽,初次

拜见长辈所送的礼物。

〔译文〕

送行的礼物称为"赆仪",拜见尊长时送的礼物称"贽敬"。

贺寿仪曰祝敬,吊死礼曰奠仪。

〔译文〕

祝贺寿辰的礼物称"祝敬",祭奠逝者的礼物称"奠仪"。

请人远归曰洗尘,携酒送行曰祖饯。

〔译文〕

宴请远方归来的人称"洗尘",带着美酒去送行称"祖饯"。

犒仆夫,谓之旌使[①];演戏文,谓之俳优[②]。

〔注释〕

①旌(jīng):表扬。
②俳(pái)优:古代指演滑稽戏的艺人。

〔译文〕

犒赏仆役称"旌使",表演戏曲叫"俳优"。

谢人寄书[①],曰辱承华翰[②];谢人致问,曰多蒙

寄声③。

〔注释〕

①书:信。
②辱承华翰:承人来信的客气说法。华翰,对他人来信的美称。
③寄声:托人传话。

〔译文〕

感谢他人写信给自己称"辱承华翰",感谢他人的问候称"多蒙寄声"。

望人寄信,曰早赐玉音;谢人许物,曰已蒙金诺。

〔译文〕

希望别人寄信给自己就说"早赐玉音",感谢别人许诺给予物品就说"已蒙金诺"。

具名帖①曰投刺②;发书函③曰开缄④。

〔注释〕

①具:具备,备办。
②刺:名帖,类似于现代的名片。
③发:打开,拆毁。
④缄(jiān):因书信写好后需要封缄,所以缄亦指书信。

〔译文〕

备办名帖称投刺,打开书信称开缄。

思暮久曰极切瞻韩①,想望②殷曰久怀慕蔺③。

〔注释〕

①瞻韩:初次见面的敬辞,意谓久欲相识。
②想望:仰慕,思慕。
③久怀慕蔺:比喻想望十分殷切。语出《史记·司马相如列传》,司马相如因十分仰慕蔺相如,因此改成和蔺相如同样的名字。

〔译文〕

仰慕很久称极切瞻韩,仰慕很殷切称久怀慕蔺。

相识未真,曰有半面之识;不期而会,曰邂逅之缘。登龙门①,得参名士;瞻山斗,仰望高贤。

〔注释〕

①登龙门:比喻得到有名望者的接待和援引而提高身价。

〔译文〕

虽然认识但了解并不多称"半面之识",没有约定却遇见了称"不期而遇"。"登龙门"是指拜见有名望的人。"瞻山斗"是指仰望德高望重的贤士。

一日三秋,言思暮之甚切;渴尘万斛①,言想望之久殷。

〔注释〕

①渴尘万斛(hú):形容十分想念。唐代诗人卢仝《访含曦上人》:"三入寺,曦未来,辘轳无人井百尺,渴心归去生尘埃。"比喻访友不遇,思念殷切。

〔译文〕

"一日三秋"说的是思慕之心非常迫切,"渴尘万斛"是说想见之心持久且殷切。

暌违①教命②,乃云鄙吝复萌③;来往无凭,则曰萍踪靡定。

〔注释〕

①暌(kuí)违:分离,不在一起。
②教命:教令,指示。
③鄙吝复萌:庸俗的念头又发生了。《后汉书·黄宪传》:"时月之间,不见黄生,则鄙吝之萌复存乎心。"鄙吝,庸俗。萌,发生。

〔译文〕

违背别人的指示就说"鄙吝复萌"。行踪不定,往来无依,称"萍踪靡定"。

虞舜慕唐尧,见尧于羹,见尧于墙;门人学孔圣,孔步亦步①,孔趋亦趋②。

〔注释〕

①步:步行,行走。
②趋:疾行。

〔译文〕

舜思慕尧,在羹汤中仿佛见到尧,在墙壁上仿佛见到尧。学生向孔子学习,孔子行走学生也行走,孔子疾行学生也疾行。

曾经会晤,曰向获承颜接辞①;谢人指教,曰深蒙耳提面命②。

〔注释〕

①承颜接辞:拜见尊长并与之交谈。承颜,顺承尊长的颜色,此指拜见。接,交往。辞,亦作词。
②耳提面命:不但当面告诉,还贴近耳朵提醒、叮嘱,形容恳切地教导。

〔译文〕

曾经与人见面,就说"向获承颜接辞"。感谢他人指教,就说"深蒙耳提面命"。

求人涵容,曰望包荒①;求人吹嘘,曰望汲引②。

〔注释〕

①包荒:原谅,宽容。
②汲(jí)引:引水,比喻引荐提拔。

〔译文〕

请求他人包涵宽容叫"望包荒",请求他人夸奖称"望汲引"。

求人荐引,曰幸为先容①;求人改文,曰望赐郢斫②。

〔注释〕

①先容:事先为人介绍、吹嘘或疏通。
②郢(yǐng)斫(zhuó):匠人挥斧削去郢人涂在鼻翼上的白粉而不伤其人,比喻纯熟高超的技艺,也作"郢匠挥斤"。

〔译文〕

请求他人引荐就说"幸为先容",请别人修改文章就说"望赐郢斫"。

借重鼎言①,是托人言事;望移玉趾,是浼人亲行②。

〔注释〕

①鼎言:有分量的言论,常作为请人帮忙说话的敬辞。

②浼(měi):请托。

〔译文〕

"借重鼎言"是拜托他人说事情的时候讲的话。"望移玉趾"是请托他人亲自前往的话。

多蒙推毂①,谢人引荐之辞;望作领袖,托人倡首之说②。

〔注释〕

①推毂(gǔ):推车前进,引申为荐举、援引。
②倡首:带头做某事或提出某种主张。

〔译文〕

"多蒙推毂"是感谢他人引荐的话,"望作领袖"是请别人出来做首领的话。

言辞不爽①,谓之金石语;乡党公论,谓之月旦评②。

〔注释〕

①爽:差失,违背。
②月旦评:东汉末年由汝南郡人许劭兄弟主持、对当代人物或诗文字画等品评、褒贬的一项活动,常在每月初一发表品评结果,故称"月旦评"或者"月旦品"。月旦,旧历每月初一。

〔译文〕

说话无差错叫"金石语",乡亲间公开、公正的评论称"月旦评"。

逢人说项斯①,表扬善行;名下无虚士②,果是贤人。

〔注释〕

①逢人说项斯:到处颂扬别人。唐代杨敬之很器重项斯,曾作诗《赠项斯》:"处处见诗诗总好,及观标格过于诗。平生不解藏人善,到处逢人说项斯。"

②名下无虚士:谓有盛名的人必有实学,犹言名不虚传。

〔译文〕

"逢人说项斯"指的是到处说人好话这一友善的举动,"名下无虚士"是指果然是真贤人。

党恶为非,曰朋奸;尽财赌博,曰孤注。

〔译文〕

结党作恶,为非作歹,称作"朋奸"。耗尽财物去赌博叫"孤注"。

徒了事,曰但求塞责①;戒明察,曰不必苛求。

〔注释〕

①塞(sè)责:对自己应负的责任敷衍了事。

〔译文〕

只求事情赶紧了结称"但求塞责",不愿细究深察说"不可苛求"。

方命是逆人之言①,执拗是执己之性。

〔注释〕

①方命:违命,抗命。

〔译文〕

"方命"指不听从别人的意见,"执拗"是固执己见。

曰觊觎①,曰睥睨②,总是私心之窥望;曰倥偬③,曰旁午④,皆言人事之纷纭。

〔注释〕

①觊(jì)觎(yú):希望得到(不应该得到的东西)。
②睥(pì)睨(nì):斜着眼睛看,表示傲慢或厌恶。
③倥(kǒng)偬(zǒng):事情纷繁忙碌。
④旁午:交错,纷繁,四面八方,到处。

〔译文〕

觇觊、睥睨,说的都是因有私心而暗中窥视。倥偬、旁午,都是指人事纷繁复杂。

小过必察,谓之吹毛求疵;乘患相攻①,谓之落井下石。

〔注释〕

①乘患相攻:趁别人有困难的时候进行攻击。

〔译文〕

细微的过错也要纠缠不休叫"吹毛求疵"。趁别人有困难的时候攻击叫"落井下石"。

欲心难厌如溪壑①,财物易尽若漏卮②。

〔注释〕

①壑:山沟或大水坑。
②漏卮(zhī):有漏洞的盛酒器。

〔译文〕

欲望如同山沟一般难以填平;财物很容易流失殆尽,就如同有漏洞的盛酒器。

望开茅塞,是求人之教导;多蒙药石①,是谢人之箴规。

[注释]

①药石:古代指药和治病的砭石。

[译文]

"望开茅塞"指寻求他人教导,"多蒙药石"是感谢他人的规劝。

芳规①芳躅②,皆善行之可慕;格言至言,悉嘉言之可听。

[注释]

①芳规:先贤的遗规。
②芳躅(zhú):先贤的踪迹。

[译文]

芳规、芳躅,都承载了值得仰慕的美好品行。格言、至言,都是可以听取的美好言论。

无言曰缄默,息怒曰霁威①。

[注释]

①霁威:收敛威怒。

〔译文〕

无言又称"缄默",息怒又称"霁威"。

包拯寡色笑,人比其笑为黄河清;商鞅最凶残,常见论囚而渭水赤。

〔译文〕

包拯很少有笑容,人们用黄河水清来比拟他的笑容。商鞅残酷,常见因他处置囚犯导致渭水变红。

仇深曰切齿,人笑曰解颐①。

〔注释〕

①解颐:开颜而笑。颐,面颊。

〔译文〕

深仇大恨称"切齿",开怀大笑称"解颐"。

人微笑曰莞尔,掩口笑曰胡卢①。

〔注释〕

①胡卢:拟声词,喉间发出的笑声。

〔译文〕

微笑称"莞尔",捂嘴而笑称"胡卢"。

大笑曰绝倒①,众笑曰哄堂。

〔注释〕

①绝倒:笑得前仰后合。

〔译文〕

大笑称"绝倒",众人笑称"哄堂"。

留位待贤,谓之虚左①;官僚共署,谓之同寅②。

〔注释〕

①虚左:空着左边的位置。古代以左为尊,虚左表示对宾客的尊敬。
②同寅:同僚。

〔译文〕

留着位置等待贤能之士叫"虚左",官员在同一个场所办公叫"同寅"。

人失信曰爽约,又曰食言;人忘誓曰寒盟,又曰反汗①。

〔注释〕

①反汗:以汗出而不能反喻令出不能收,后因以"反汗"指食言或收回成命。

〔译文〕

失信称"爽约",也叫"食言"。忘记誓言称"寒盟",也叫"反汗"。

铭心镂骨,感德难忘;结草衔环,知恩必报。

〔译文〕

"铭心镂骨"是指感恩戴德、永世不忘。"结草衔环"是说知晓恩德且一定报答。

自惹其灾,谓之解衣抱火①;幸离其害,真如脱网就渊②。

〔注释〕

①解衣抱火:不解决问题,只招致危险。
②脱网就渊:鱼脱离网罟,而逃入深渊,比喻人脱离危险、灾害。

〔译文〕

自己惹来灾祸称"解衣抱火"。幸运地远离危害,就如同鱼儿逃离捕鱼网重回水中一样,称"脱网就渊"。

两不相入①,谓之枘凿②;两不相投,谓之冰炭。

〔注释〕

①相入:彼此投合。
②枘(ruì)凿:枘是榫头,凿是卯眼,枘、凿相应比喻彼此相合。此处"枘凿"为"圆凿方枘"的缩略语,表示格格不入。

〔译文〕

两者不能彼此投合称为"枘凿",两者彼此水火不相容称为"冰炭"。

彼此不合曰龃龉①,欲前不进曰趑趄②。

〔注释〕

①龃(jǔ)龉(yǔ):上下牙齿不相对应,比喻意见不合、相互抵触。
②趑(zī)趄(jū):想前进却又不敢前进的样子。

〔译文〕

彼此意见不合称"龃龉",想前进却又不敢前进称"趑趄"。

落落不合之词①,区区自谦之语②。

〔注释〕

①落落:形容跟别人合不来。

②区区:旧时谦辞,用于自称(语气不庄重)。

〔译文〕

"落落"是形容孤独不合群的词,"区区"是自谦之词。

竣者作事已毕之谓,醵者敛财饮酒之名①。

〔注释〕

①醵(jù):(大家)凑钱。

〔译文〕

"竣"意思就是所做的事情已经完毕,"醵"就是凑钱买酒的意思。

赞襄其事①,谓之玉成;分裂难完,谓之瓦解。

〔注释〕

①赞襄:辅助,协助。

〔译文〕

帮助别人把事情做完称"玉成",分裂以至于很难完整称"瓦解"。

事有低昂曰轩轾①,力相上下曰颉颃②。

〔注释〕

①轩轾(zhì)：车前高后低叫轩，前低后高叫轾，借指高低优劣。
②颉(jié)颃(háng)：鸟上上下下飞，指不相上下、相互抗衡。

〔译文〕

事情有高低起伏叫"轩轾"，力量不相上下叫"颉颃"。

平空起事曰作俑，仍踵前弊曰效尤。

〔译文〕

毫无依据地制造事端称"作俑"，仍然沿袭前人的错误叫"效尤"。

手口共作曰拮据，不暇修容曰鞅掌①。

〔注释〕

①鞅掌：职事纷扰繁忙。

〔译文〕

手、口共同劳作称"拮据"，顾不上修饰容貌称"鞅掌"。

手足并行曰匍匐，俯首而思曰低徊。

〔译文〕

手脚并用前行称"匍匐",低头思考称"低回"。

明珠投暗,大屈才能;入室操戈,自相鱼肉。

〔译文〕

"明珠投暗"是说有才能的人没能得到相应的器重。"入室操戈"是说内部自相残杀、互相鱼肉。

求教于愚人,是问道于盲;枉道以干主[1],是炫玉求售[2]。

〔注释〕

[1]干(gān):求。
[2]炫玉求售:自诩有才,以求施展。

〔译文〕

向愚蠢的人请教问题就如同向盲人问路。不走正道一味地去求主人,就好比"炫玉求售"。

智谋之士,所见略同;仁人之言,其利甚溥[1]。

〔注释〕

[1]溥(pǔ):广大。

〔译文〕

有智谋的人见解大致相同。有德行的人所说的话好处很多。

班门弄斧,不知分量;岑楼齐末①,不识高卑。

〔注释〕

①岑(cén)楼齐末:只比较末端,方寸的木头也可高过高楼,比喻不从根本着手,则无法认清事实。岑楼,高楼。

〔译文〕

"班门弄斧"是说人不知道自己的分量。"岑楼齐末"比喻认不清事物的高低根本。

势延莫遏,谓之滋蔓难图①;包藏祸心,谓之人心叵测。

〔注释〕

①滋蔓难图:本指野草滋生,难以消除,后比喻势力扩大了再要消灭它就很困难。

〔译文〕

势头一直蔓延无法遏制称为"滋蔓难图",心怀祸害的念头称为"人心叵测"。

作舍道旁,议论多而难成;一国三公,权柄分而不一。

〔译文〕

在道路旁边建造房屋会因为讨论的人太多而难以建成。一个国家有三位掌权的人,这样权力就分散不统一。

事有奇缘,曰三生有幸;事皆拂意,曰一事无成。

〔译文〕

做事情总是有意外的机会称"三生有幸",事情总是不顺利称"一事无成"。

酒色是耽①,如以双斧伐孤树②;力量不胜,如以寸胶澄黄河③。

〔注释〕

①耽:纵情,沉溺。
②双斧伐孤树:嗜酒好色,摧残身体。
③寸胶澄黄河:《本草纲目》记载说用东阿水熬制阿胶的话,"取其水煮胶,用搅浊水则清"。一寸长的阿胶,不可能使黄河水质变清,犹言杯水车薪,无济于事。

〔译文〕

沉溺酒色就好比用两把斧头砍一棵树。做事力量不够,就好比用一寸长的阿胶去澄清黄河之水。

兼听则明,偏听则暗①,此魏徵之对太宗;众怒难犯,专欲难成②,此子产之讽子孔。

〔注释〕

①"兼听则明"二句:同时听取各方面的意见,才能正确认识事物;只相信单方面的话,必然会犯片面性的错误。
②"众怒难犯"二句:使大家都愤怒的事不可去做,单凭个人意愿事情很难成功,强调不能违背多数人的意愿。

〔译文〕

"兼听则明,偏听则暗",这是魏徵对唐太宗说的话。"众怒难犯,专欲难成",这是子产讽谏子孔的话。

欲逞所长,谓之心烦技痒①;绝无情欲,谓之槁木死灰②。

〔注释〕

①心烦技痒:想表现其技艺以显示于人,形容擅长及爱好某种技艺,一遇机会就急于表现。烦,烦躁。
②槁(gǎo)木死灰:枯槁的树干和火灭后的冷灰,比喻心情冷淡,对一切事物都无动于衷。

〔译文〕

想要逞强炫耀自己的长处,称为"心烦技痒"。没有一丝一毫的情绪和欲望,称为"槁木死灰"。

座上有江南①,语言须谨;往来无白丁,交接皆贤。

〔注释〕

①座上有江南:唐代诗人郑谷《席上贻歌者》有"座中亦有江南客,莫向春风唱《鹧鸪》"的诗句,因为江南人听了《鹧鸪曲》会思乡欲归,所以席间如有江南客,说话唱曲就要谨慎。

〔译文〕

"座上有江南"意思是人们说话需要谨慎。"往来无白丁"是指交往接触的都是贤士。

将近好处,曰渐入佳境①;无端倨傲,曰旁若无人。

〔注释〕

①渐入佳境:比喻境况逐渐好转或风景、情趣等逐渐深入而达到美妙的境地。

〔译文〕

即将接近好的境地称为"渐入佳境"。毫无来由地傲慢称为"旁若无人"。

借事宽役曰告假,将钱嘱托①曰夤缘②。

〔注释〕

①嘱托:托(人办事),托付。
②夤(yín)缘:攀附上升,比喻拉拢关系,向上巴结。

〔译文〕

因为有事而放下工作称"告假"。把钱用来托人办事称"夤缘"。

事有大利,曰奇货可居;事宜鉴前,曰覆车当戒①。

〔注释〕

①覆车当戒:先前的失败应该作为以后的教训。

〔译文〕

事物将带来很大的好处称"奇货可居"。做事应该借鉴前者经验教训称"覆车当戒"。

外彼为此曰左袒①,处事两好曰模棱。

〔注释〕

①左袒:典出《史记·吕太后本纪》。汉高祖刘邦死后,吕后当权,培植吕姓的势力。吕后死后,太尉周勃夺取吕氏的兵权,就在军中对众人说:"拥护吕氏的右袒(露出右臂),拥护刘氏的左袒。"军中都左袒。后来管偏护一方叫左袒。

〔译文〕

为了支持这一方而反对另一方叫"左袒"。做事态度含糊叫"模棱"。

敌甚易摧,曰发蒙振落①;志在必胜,曰破釜沉舟。

〔注释〕

①发蒙振落:把蒙在物体上的东西揭掉,把将要落的树叶摘下来,比喻事情很容易做到。蒙,遮盖,指物品上的罩物。振,摇动。

〔译文〕

敌方非常容易被打败叫"发蒙振落"。怀有必胜的信念称"破釜沉舟"。

曲突徙薪无恩泽,不念豫防之力大;焦头烂额为上客①,徒知救急之功宏。

〔注释〕

①曲突徙薪无恩泽,焦头烂额为上客:火灾过后,曾经建议把烟囱改弯、把柴草移开去的人得不到奖赏,只有为救火被烧伤的人受到款待。指奖赏欠公允。

〔译文〕

"曲突徙薪无恩泽"是说建议把烟囱改弯、把柴草移走的人得不到奖赏,这是没有认识到预防的重要性;"焦头烂额为上客"是说只有为救火被烧伤的人受到款待,这是只知道救急的功劳大。

贼人曰梁上君子,强梗①曰化外顽民②。

〔注释〕

①强梗:骄横跋扈。
②化外:旧时指政令教化达不到的偏远落后的地区。

〔译文〕

窃贼被称为"梁上君子"。骄横跋扈的人被称为"化外顽民"。

木屑竹头,皆为有用之物;牛溲马渤①,可备药物之资。

〔注释〕

①牛溲马渤:牛溲,牛尿,同时也是车前草的别名。马渤,生于湿地或腐木上的菌类。二者皆至贱,但均可入药。

〔译文〕

木屑、竹头都是有用的东西。牛溲、马渤也都是可以入药的有用之物。

五经扫地①,祝钦明自亵斯文;一木撑天②,晋王敦未可擅动。

〔注释〕

①五经扫地:五经,借指文人。把文人的脸都丢尽了。旧时也指圣人之道泯灭。《新唐书·祝钦明传》:"帝与群臣宴,钦明自言能八风舞,帝许之。钦明体肥丑,据地摇头睆目,左右顾眄,帝大笑。吏部侍郎卢藏用叹曰:'是举五经扫地矣。'"

②一木撑天:一棵树木支撑着天,如果撼动这棵树,天就会塌下来,故引申意为不可妄动。晋代王敦想要谋反,梦见一木撑天,请许真君解梦,许言一木撑天为未字,晋祚未衰,不可妄动,动树则天塌。

〔译文〕

"五经扫地"是在慨叹祝钦明有辱斯文的举动。"一木撑天"之梦是暗示晋王敦不可谋反的预警。

题凤①题午②,讥友讥亲之隐词;破麦③破梨④,见夫见子之奇梦。

〔注释〕

①题凤:南朝宋刘义庆《世说新语·简傲》中有此记录——"嵇康与吕安善,每一相思,千里命驾。安后来,值康不在。喜(康兄)出户延之,不入。题门上作'凤'字而去。喜不觉,犹以为欣。故作'凤'字,凡鸟也。"后因以"题凤"表示轻蔑。

②题午:宋泮正敏《遯斋闲览》中有这样一句——"李安义者谒富人郑

生,辞以出,安义于门上大书'午'字而去。或问其故,答曰:'牛不出头耳。'""午"字字形为"牛"字不出头,李安义题"午"于门,是讥骂郑生不肯接见,发泄胸中的愤懑。后因用为讥诮之典。

③破麦:昔宁波一妇人,以兵乱与夫及子相失。寄食于尼,梦人使磨麦,又见莲花尽落。尼解之曰:"磨麦见夫面也,莲花落莲子见也。"果然。

④破梨:杨进贤任南阳刺史,登舟遇风,失其子。夫妇相思甚切,忽夜梦与儿剖梨,因自解曰"剖梨,分离也"。明日,述于友,友曰"剖梨则子见"。不旬日,果得子。

〔译文〕

"题凤"和"题午"都是去拜访亲友却没能见到人时用来讥讽对方的隐晦的说辞。"破麦""破梨"是见丈夫、见儿子的预兆。

毛遂片言九鼎,人重其言;季布一诺千金,人服其信。

〔译文〕

毛遂只言片语分量就重如九鼎,人们很重视他的话。季布一诺千金,人们信服他的诚信。

岳飞背涅尽忠报国[①],杨震惟以清白传家。

〔注释〕

①涅:染黑。

〔译文〕

岳飞背上有"尽忠报国"四个字,杨震只以清白家风传世。

下强上弱,曰尾大不掉①;上权下夺,曰太阿倒持②。

〔注释〕

①尾大不掉:尾巴太大,难以摆动。比喻机构下强上弱,或组织庞大、涣散,导致指挥不灵。掉,摇动。
②太阿倒持:太阿宝剑倒着拿,比喻以把柄授予人,自身反而面临危险和灾难。

〔译文〕

臣子强而君上弱,称为"尾大不掉"。君上的权力被属下夺取,称为"太阿倒持"。

当今之世,不但君择臣,臣亦择君;受命之主,不独创业难,守成亦不易。

〔译文〕

当今之世,不但君主选择臣属,臣属也在选择君王。上天授予天命的君主,不仅创业艰难,守业同样不容易。

生平所为皆可对人言,司马光之自信;运用之妙惟存乎一心,岳武穆之论兵。

〔译文〕

生平做的所有事情都可以和人明说,这是司马光为人处世的自信。运用兵法的奥妙之处就在于用心,这是岳飞谈论用兵的理论。

不修边幅,谓人不饰仪容;不立崖岸,谓人天性和乐。

〔译文〕

"不修边幅"是指人不注意修饰自己的仪容。"不立崖岸"是说人天生性格随和乐观。

蕞尔①、幺麽②,言其甚小;卤莽③、灭裂④,言其不精。

〔注释〕

①蕞(zuì)尔:形容小(多指地区小)。
②幺麽:微小。
③卤莽:即鲁莽。卤,通"鲁"。
④灭裂:言行粗疏草率。

〔译文〕

"蕞尔""幺麽"都是说其很小。"鲁莽""灭裂"都是形容不精致。

误处皆缘不学,强作乃成自然。

〔译文〕

错误之处都是因为没有学习,努力去做就会形成自然的习惯。

求事速成曰躐等①,过于礼貌曰足恭②。

〔注释〕

①躐(liè)等:超越等级,不按次序。
②足恭:过于谦敬,以曲媚于人。也作"足共"。

〔译文〕

追求事情快速完成称"躐等",礼貌过度了就成"足恭"。

假忠厚者谓之乡愿①,出人群者谓之巨擘②。

〔注释〕

①乡愿:外貌忠诚谨慎、实际上欺世盗名的人。
②巨擘(bò):大拇指,比喻在某一方面居于首位的人物。

〔译文〕

假装忠厚老实的人被称为"乡愿",在人群中很出众的人称为"巨擘"。

孟浪由于轻浮,精详出于暇豫①。

〔注释〕

①暇豫:悠闲逸乐。

〔译文〕

孟浪是因为轻浮,精致周详是因为做事从容。

为善则流芳百世,为恶则遗臭万年。

〔译文〕

做善事就会流芳百世,做坏事则会遗臭万年。

过多曰稔恶①,罪满曰贯盈。

〔注释〕

①稔(rěn)恶:罪恶深重。

〔译文〕

过失多了称为"稔恶",罪恶多了称"贯盈"。

尝见冶容诲淫,须知慢藏诲盗。

〔译文〕

曾经见到过冶艳的容貌装扮招致淫邪,要知道不谨慎收藏财物就等同于自行招揽盗贼。

> 管中窥豹①,所见不多;坐井观天②,知识不广。

〔注释〕

①管中窥豹:通过竹管的小孔来看豹子,只看到豹子身上的一块斑纹(语出《世说新语·方正》),比喻只见到事物的一小部分。有时跟"可见一斑"连用,比喻从观察到的部分可以推测全貌。
②坐井观天:比喻眼光狭小、看得有限。

〔译文〕

"管中窥豹"形容所能看见的东西非常有限。"坐井观天"比喻眼界狭小,所学知识不广博。

> 无势可乘,英雄无用武之地;有道则见①,君子有展采之思②。

〔注释〕

①有道:政治清明。
②展采:供职。

〔译文〕

没有可以利用的适当形势,英雄也没有可以施展才能的地方。天下政治清明就现身做事,君子有为国家做事的想法。

求名利达,曰捷足先得①;慰士迟滞,曰大器晚成②。

〔注释〕

①捷足先得:行动敏捷的先达到目的,或得其所求。
②大器晚成:指能担当大事的人物要经过长期锻炼,所以成名比较晚,后来指年纪较大后才成才。

〔译文〕

追求功名并顺利取得,称为"捷足先得"。安慰士人功名迟滞,称"大器晚成"。

不知通变,曰徒读父书①;自作聪明,曰徒执己见。

〔注释〕

①徒读父书:白读了父亲的兵书,比喻人只知道死读书、不懂得运用知识加以变通。此为《史记·廉颇蔺相如列传》中蔺相如评价赵括的话。

〔译文〕

做事情不知道变通,称"徒读父书"。自以为聪明透顶,称"徒执己见"。

浅见曰肤见,俗言曰俚言。

〔译文〕

浅薄的见解又称"肤见",俗言又称"俚言"。

识时务者为俊杰,昧先几者非明哲①。

〔注释〕

①先几(jī):预先洞知细微。

〔译文〕

能认清时局形势的人是杰出人物,不能洞察事物细微变化的人不是聪明睿智的人。

村夫不识一丁,愚者岂无一得。

〔译文〕

乡野村夫一个字也不认识,愚钝之人是否真的一无可取?

拔去一丁,谓除一害;又生一秦①,是增一仇。

〔注释〕

①又生一秦:又树立一个强敌。

〔译文〕

"拔去一丁"说的是除去了一个祸害,"又生一秦"是说又增加了一个仇人。

戒轻言,曰恐属垣有耳;戒轻敌,曰无谓秦无人。

〔译文〕

提醒他人切忌说话轻率,就说"恐怕有人在墙根偷听"。切忌轻敌,就说"不要以为秦国没有人了"。

同恶相帮,谓之助桀为虐;贪心无厌,谓之得陇望蜀。

〔译文〕

帮助坏人做坏事,称"助桀为虐";贪心没有尽头,称"得陇望蜀"。

当知器满则倾,须知物极必反。

〔译文〕

要知道容器满了就会倾覆,事物发展到极致就会反向发展。

喜嬉戏名为好弄[①],好笑谑谓之诙谐。

〔注释〕

①好弄:爱好游戏。

〔译文〕

喜欢嬉戏游玩称为"好弄",喜欢嬉笑戏谑称为"诙谐"。

谗口交加,市中可信有虎;众奸鼓衅,聚蚊可以成雷。

〔译文〕

谣言到处传播的话,人们可能就真的相信闹市中有猛虎。许多奸邪之人一起鼓吹挑衅,就好比一大群蚊子"嗡嗡嗡"的声音聚集在一起也像雷声一样。

萋菲成锦①,谓谮人之酿祸②;含沙射影③,言鬼蜮之害人④。

〔注释〕

①萋菲成锦:女子织布织成美丽的图案,比喻花言巧语、罗织罪名陷害别人。萋菲,花纹交错的样子。
②谮(zèn):诬陷,中伤。
③含沙射影:传说水中有一种叫蜮的怪物,看到人的影子就会喷沙子,被喷着的人会得病,比喻暗地里诽谤中伤他人。
④鬼蜮:用心险恶、暗中伤人的小人。

〔译文〕

"萋菲成锦"是指诬陷别人导致酿成祸事。"含沙射影"是指阴险小人暗中害人。

针砭所以治病,鸩毒必至杀人。

〔译文〕

针砭是用来治病的,鸩毒必定置人于死地。

李义府阴柔害物,人谓之笑里藏刀;李林甫奸诡诳人,世谓之口蜜腹剑。

〔译文〕

李义府看起来温婉柔和,实际却阴险害人,人们称他"笑里藏刀"。李林甫看上去随处向人谄媚,实际阴险狡诈,人们称他"口蜜腹剑"。

代人作事,曰代庖;与人设谋,曰借箸①。

〔注释〕

①借箸(zhù):为人谋划。箸,筷子。

〔译文〕

代替别人做事称"代庖",帮助别人出谋划策称"借箸"。

见事极真,曰明若观火;对敌易胜,曰势若摧枯。

〔译文〕

事情看得极其透彻真切,称"明若观火"。对阵敌人很轻易就取得胜利,称"势若摧枯"。

汉武内多欲而外施仁义,廉颇先国难而后私仇。

〔译文〕

汉武帝野心很大,但对外却实施仁义之政;廉颇国难为先,私仇放后。

卧榻之侧岂容他人鼾睡,宋太祖之语;一统之世真是胡越一家,唐太宗之时。

〔译文〕

卧榻之侧岂容他人鼾睡,这是宋太祖说的话。天下统一的时代,就是胡越一家之时,这是唐太宗时期的情形。

至若暴秦以吕易嬴,是嬴亡于庄襄之手;弱晋以牛易马,是马灭于怀愍之时。

〔译文〕

至于残暴的秦国由吕氏取代嬴氏,嬴氏权力其实消亡在秦庄襄王手上。弱小的晋国牛氏取代司马氏,司马氏的灭亡是在怀帝和愍帝之时。

中宗亲为点筹于韦后,秽播千秋;明皇赐洗儿钱于贵妃,臭遗万代。

〔译文〕

　　唐中宗亲自为韦后清点筹码,丑闻传至千年以后。唐明皇赏赐杨贵妃洗儿钱,丑事流传万代之后。

　　非类相从,不如鹡鸰;父子同牝,谓之聚麀①。

〔注释〕

　　①麀(yōu):母鹿。

〔译文〕

　　不是同类却聚集在一起,还不如鹡鸰和喜鹊。父亲和儿子与同一位女子有染,称为"聚麀"。

　　以下淫上谓之烝,野合奸伦谓之乱。

〔译文〕

　　晚辈与长辈发生不正当关系称为"烝",男女不合礼仪私通称为"乱"。

　　从来淑①慝殊途②,惟在后人法戒;斯世清浊异品,全赖吾辈激扬。

〔注释〕

①淑:温和,善良。
②慝(tè):邪恶,罪恶。

〔译文〕

　　一直以来善良与邪恶都是不同路的,只是在于后人的警诫。当今时代品行有清有浊,全靠我们去激浊扬清。

饮 食

甘脆肥脓,命曰腐肠之药;羹藜含糗①,难语太牢之滋。

〔注释〕

①羹藜含糗(qiǔ):泛指饮食粗劣。藜,野菜。

〔译文〕

甘甜、酥脆、肥美、浓郁的食物,是损伤肠胃的毒药。饮食粗劣的人,很难和他们说清楚牛、羊、猪等美食佳肴的味道。

御食曰珍馐,白米曰玉粒。

〔译文〕

皇帝的饮食称为珍馐,白米被称为玉粒。

好酒曰青州从事①,次酒曰平原督邮②。

〔注释〕

①青州从事:美酒的代称。
②平原督邮:劣酒的代称。

〔译文〕

好酒叫"青州从事",不好的酒叫"平原督邮"。

鲁酒茅柴,皆为薄酒;龙团雀舌,尽是香茗。

〔译文〕

鲁酒、茅柴都是味道寡淡的酒。龙团、雀舌都是上等的好茶。

待人礼衰,曰醴酒不设;款客甚薄,曰脱粟相留。

〔译文〕

接待客人礼数不周,称"醴酒不设"。招待宾客十分简陋,称"脱粟相留"。

竹叶青,状元红,俱为美酒;葡萄绿,珍珠红,悉是香醪。

〔译文〕

竹叶青、状元红都是美酒。葡萄绿、珍珠红都是佳酿。

五斗解酲[1],刘伶独溺于酒;两腋生风,卢仝偏嗜乎茶。

〔注释〕

①酲(chéng):醉酒后头脑昏沉、身体匮乏的状态。

〔译文〕

喝五斗酒方能解酒醉,这说的是终生沉溺于酒中的刘伶。饮茶后腋下呼呼生风,这说的是偏爱饮茶的卢仝。

茶曰酪奴,又曰瑞草;米曰白粲,又曰长腰。

〔译文〕

茶叶又名酪奴,也称瑞草。白米又叫白粲,也称长腰。

太羹①玄酒②,亦可荐馨;尘饭涂羹③,焉能充饿。

〔注释〕

①太羹:大羹,没有调和五味的肉汁。
②玄酒:古代祭礼中当酒用的清水,也指味道淡薄的酒。
③尘饭涂羹:尘做的饭、泥做的羹,指儿童游戏。比喻没有用处的东西。涂,泥。

〔译文〕

太羹、玄酒也可以用来作为进献馨香的祭品。尘做的饭、泥做的羹,怎么能够用来充饥呢?

酒系杜康所造,腐乃淮南所为。

〔译文〕

酒是杜康酿造出来的,豆腐是淮南王刘安发明的。

僧谓鱼曰水梭花,僧谓鸡曰穿篱菜。

〔译文〕

僧人把鱼叫作"水梭花",把鸡叫作"穿篱菜"。

临渊羡鱼,不如退而结网;扬汤止沸,不如去火抽薪。

〔译文〕

"临渊羡鱼,不如退而结网",走到水边希望获得水中鱼儿,还不如退回去先把渔网织好。比喻空有愿望,还不如实实在在付诸行动。"扬汤止沸,不如去火抽薪",把锅里的沸水舀起来再倒回去,以此让水停止沸腾,还不如直接抽掉柴火灭火。比喻办法不对,不能从根本上解决问题。

羔酒自劳,田家之乐;含哺鼓腹,盛世之风。

〔译文〕

用羔羊美酒犒劳自己,这是农家人的乐趣。肚子已经吃得鼓鼓的,嘴里还有食物可以含着,这就是太平盛世的景象。

人贪食曰徒餔啜,食不敬曰嗟来食。

〔译文〕

人贪吃被称为只知道吃喝,即"徒餔啜",轻谩不礼貌地叫人吃东西称作"嗟来食"。

多食不厌,谓之饕餮之徒[①];见食垂涎,谓有欲炙之色。

〔注释〕

①饕餮:传说中凶恶贪食的野兽。

〔译文〕

贪食不满足的人被称为"饕餮之徒",看见食物就垂涎三尺的人被称为有"欲炙之色"。

未获同食,曰向隅;谢人赐食,曰饱德。

〔译文〕

没有被允许一起吃东西称作"向隅"。感谢别人分赐食物称"饱德"。

安步可以当车,晚食可以当肉。

〔译文〕

慢慢行走就当是在坐车一样,饿了的时候吃的食物都像肉一样美味。

饮食贫难,曰半菽不饱①;厚恩图报,曰每饭不忘。

〔注释〕

①菽(shū):豆类的总称。

〔译文〕

因贫困而饮食艰难,称"半菽不饱"。始终不忘报答别人的厚恩,称"每饭不忘"。

谢扰人曰兵厨之扰,谦待薄曰草具之陈。

〔译文〕

觉得打扰到别人,对此感到歉意的,称"兵厨之扰"。谦虚地说自己待客不周的,称"草具之陈"。

白饭青刍,待仆马之厚;炊金爨玉①,谢款客之隆。

〔注释〕

①爨(cuàn):烧火煮饭。

〔译文〕

"白饭青刍"是说主人连客人的仆人和马匹都招待周到,分别给以白饭和青草。"炊金爨玉"是客人感谢主人隆重招待时的用词。

家贫待客,但知抹月披风;冬月邀宾,乃曰敲冰煮茗。

〔译文〕

若家中贫寒,没什么东西可以招待客人,就只戏言说用清风明月来招待宾客。冬天邀请宾客时,会说敲冰煮茗来款待客人。

君侧元臣,若作酒醴①之麴蘖②;朝中冢宰③,若作和羹之盐梅。

〔注释〕

①酒醴(lǐ):酒和醴,泛指各种酒。
②麴(qū)蘖(niè):酒曲。
③冢宰:周官名,为六卿之首,亦称太宰。后称吏部尚书为冢宰。

〔译文〕

君王身边的重要大臣,就如同酿酒所需要的酒曲一样重要。朝中的重要官员,就好比制作羹汤时用来调味的盐和梅子一样不可或缺。

宰肉甚均,陈平见重于父老;戛羹示尽,邱嫂心厌乎汉高①。

〔注释〕

①邱嫂:长嫂,大嫂。

〔译文〕

分配祭肉的时候非常公平,因此陈平受到乡间父老的敬重。刮盆底以示盆中肉羹已经吃完了,这是大嫂从心里厌恶刘邦的表现。

毕卓为吏部而盗酒,逸兴太豪;越王爱士卒而投醪,战气百倍。

〔译文〕

毕卓身为吏部官员却去盗酒,这是他超逸豪放的表现。越王因爱护士兵而将美酒投入江河让大家分享,将士士气百倍。

惩羹吹齑①,谓人惩前警后;酒囊饭袋,谓人少学多餐。

〔注释〕

①惩羹吹齑(jī):被热汤烫过嘴,吃冷食时也要吹一吹。比喻受到过教训,遇事过分小心。羹,用肉、菜等煮成的汤。齑,细切的冷食肉菜。

〔译文〕

"惩羹吹齑",是说人前面受到了惩戒,后面就很警觉。"酒囊饭袋",是说人只知道吃喝,不知道学习。

隐逸之士,漱石枕流;沉湎之夫,借糟枕麴。

〔译文〕

隐居山林的人,用石头漱口,头枕着水流。嗜酒的人,倚靠着酒糟,头枕着酒曲。

昏庸桀纣,胡为酒池肉林;苦学仲淹,惟有断齑画粥。

〔译文〕

昏庸如夏桀和商纣王,建造酒池肉林。辛苦求学如范仲淹,吃饭的时候都只能把咸菜切断、把粥分成几份来食用。

宫　室

洪荒之世,野处穴居;有巢以后,上栋下宇。

〔译文〕

远古时候,人们在野外洞穴居住。有巢氏之后,人们开始建造房屋。

竹苞松茂①,谓制度之得宜②;鸟革翚飞③,谓创造之尽善。

〔注释〕

①竹苞松茂:松竹繁茂,比喻家门兴盛,也用于祝贺人新屋落成。苞,茂盛。
②制度:规模,样式。
③鸟革翚(huī)飞:如同鸟儿张开双翼、野鸡展翅飞翔一般,旧时形容宫室华丽。革,鸟张翅。翚,羽毛五彩的野鸡。

〔译文〕

"竹苞松茂"是说房屋建造的规模样式都很适宜。"鸟革翚飞"是说宫室建造得尽善尽美。

朝廷曰紫宸①，禁门曰青琐②。

〔注释〕

①紫宸：宫殿名，天子所居。
②青琐：装饰皇宫门窗的青色连环花纹。

〔译文〕

朝廷称作"紫宸"，禁门称作"青琐"。

宰相职掌丝纶①，内居黄阁；百官具陈章疏，敷奏②丹墀③。

〔注释〕

①丝纶：帝王诏书。
②敷奏：陈奏，向君上报告。
③丹墀(chí)：宫殿的赤色台阶或赤色地面。

〔译文〕

宰相掌管帝王诏书，在厅门涂成黄色的官署黄阁内办公。百官向皇帝详细陈述奏章所言之事，在有赤色台阶或地面的宫殿进行。

木天署，学士所居；紫薇省，中书所莅。

〔译文〕

"木天署"是翰林学士办公的地方,"紫薇省"是中书官员办公之所。

金马玉堂,翰林院宇;柏台乌府,御史衙门。

〔译文〕

"金马玉堂"指翰林院房屋所在之处,"柏台乌府"说的是御史衙门之地。

布政司,称为藩府;按察司,系是臬司。

〔译文〕

布政司被称为"藩府",按察司被称为"臬司"。

潘岳种桃于满县,故称花县;子贱鸣琴以治邑,故曰琴堂。

〔译文〕

潘岳在县里种满了桃树,所以这个县被称为"花县"。子贱在衙门以弹琴的方式来治理县邑,所以衙门被称作"琴堂"。

谭府是仕宦之家,衡门乃隐逸之宅。

[译文]

"谭府"指的是官宦人家,"衡门"是隐逸之人的住宅。

贺人有喜,曰门阑蔼瑞①;谢人过访,曰蓬荜生辉。

[注释]

①门阑:门框或门栅栏,借指家门、门庭。

[译文]

恭贺别人有喜事说"门阑蔼瑞"。感谢别人前来拜访说"蓬荜生辉"。

美奂美轮①,《礼》称屋宇之高华;肯构肯堂②,《书》言父子之同志。

[注释]

①美奂美轮:形容新屋高大美观,也形容装饰、布置等美好漂亮。奂,众多。轮,高大。

②肯构肯堂:原意是儿子连房屋的地基都不肯做,哪里还谈得上肯盖房子。后反其意而用之,比喻儿子能继承父亲的事业。堂,立堂基。构,盖屋。

〔译文〕

"美奂美轮"是《礼记》中称赞房屋高大华美之词。"肯构肯堂"是《尚书》中对父子志向相同的描述。

土木方兴,曰经始;创造已毕,曰落成。

〔译文〕

建筑施工刚刚开始称"经始"。建筑已经完工称"落成"。

楼高可以摘星,屋小仅堪容膝。

〔译文〕

楼宇能高到手可摘星辰,房屋也可以小到仅仅容纳双膝。

寇莱公庭除之外[①],只可栽花;李文靖厅事之前[②],仅容旋马。

〔注释〕

①庭除:庭院。
②厅事:官府视事问案的厅堂,古作"听事"。也指私人住宅的堂屋。

〔译文〕

寇准的庭院小到只能栽花。李文靖的堂屋之前仅容一匹马转身。

恭贺屋成①,曰燕贺;自谦屋小,曰蜗庐。

〔注释〕

①恭贺:底本为"躬贺",据其他版本改。

〔译文〕

恭贺房屋落成称作"燕贺",自谦房屋狭小称"蜗庐"。

民家名曰闾阎①,贵族称为阀阅②。

〔注释〕

①闾阎:平民居住的地区,借指平民。
②阀阅:功勋,借指有功勋的世家。

〔译文〕

平民百姓的房子叫"闾阎",功勋贵族的住宅称"阀阅"。

朱门乃富豪之第,白屋是布衣之家。

〔译文〕

"朱门"是指富贵人家的大宅,"白屋"是指布衣百姓的家室。

客舍曰逆旅,馆驿曰邮亭。

〔译文〕

旅客投宿之处称"逆旅",驿站的旅馆称"邮亭"。

书室曰芸窗①,朝廷曰魏阙②。

〔注释〕

①芸窗:书斋。
②魏阙:古代宫门外的建筑,是发布政令的地方,后用作朝廷的代称。

〔译文〕

书房称"芸窗",朝廷称"魏阙"。

成均①辟雍②皆国学之号,黉宫③胶序④乃乡学之称。

〔注释〕

①成均:古之大学,官设的最高学府。
②辟雍:本义指周天子所设大学。
③黉(hóng)宫:学宫。
④胶序:殷学名序,周学名胶,后用为学校的通称。

〔译文〕

古代国家设立官学之地称"成均",也称"辟雍"。地方办学授课的地方叫"黉宫",也叫"胶序"。

笑人善忘,曰徙宅忘妻;讥人不谨,曰开门揖盗。

〔译文〕

笑话别人记性不好时说"徙宅忘妻"。讥讽别人做事粗心、不谨慎时说"开门揖盗"。

何楼所市,皆滥恶之物;垄断独登,讥专利之人。

〔译文〕

何家楼市场卖的东西,都是粗制滥造的劣等货物。"垄断独登"是讥讽那些欺行霸市的人。

荜门圭窦①,系贫士之居;瓮牖绳枢,皆窭人之室②。

〔注释〕

①圭窦:形状如圭的墙洞,借指微贱之家的门户。
②窭(jù):贫穷。

〔译文〕

"荜门圭窦"是指贫寒人士的住所,"瓮牖绳枢"说的是穷苦人的房子。

宋寇准真是北门锁钥,檀道济不愧万里长城。

〔译文〕

寇准真如北宋国门的锁头和钥匙一般,戍卫着家国门户;檀道济不愧是如万里长城一般重要的国之大将。

器　用

一人之所需,百工斯为备。

〔译文〕

一人的生活必需品,需要拥有各种技能的工匠为其准备。

但用则各适其用,而名则每异其名。

〔译文〕

各种东西都有其各自适用之处,每种物品都有各自不同的称呼。

管城子、中书君,悉为笔号;石虚中、即墨侯,皆为砚称。

〔译文〕

"管城子""中书君"说的都是笔。"石虚中""即墨侯"说的都是砚台。

墨为松使者,纸号楮先生。

〔译文〕

墨又称为"松使者",纸又被叫作"楮先生"。

纸曰剡藤①,又曰玉版;墨曰陈玄,又曰龙剂②。

〔注释〕

①剡(yǎn)藤:剡溪出产的藤可以造纸,负有盛名。后称名纸为剡藤。
②龙剂:即龙香剂,一款名墨。

〔译文〕

纸叫"剡藤",也叫"玉版"。墨称为"陈玄",也被称为"龙剂"。

共笔砚,同窗之谓;付衣钵,传道之称。

〔译文〕

"共笔砚"说的是同学,"付衣钵"是对传道授业的称呼。

笃志业儒,曰磨穿铁砚;弃文就武,曰安用毛锥。

〔译文〕

笃信志向,要以儒学为业,会说是"磨穿铁砚"。弃文就武就会说"安用毛锥"。

剑有干将镆铘之名①,扇有仁风便面之号。

〔注释〕

①镆铘:即莫邪。

〔译文〕

宝剑有"干将""莫邪"的名号,扇子有"仁风""便面"的称呼。

何谓箑①,亦扇之名;何谓籁,有声之谓。

〔注释〕

①箑(shà):扇子。

〔译文〕

什么是箑?也就是扇子。什么是籁?就是声音。

小舟名蚱蜢,巨舰曰艨艟①。

〔注释〕

①艨(méng)艟(chōng):古代的一种战船。

〔译文〕

小船名叫"蚱蜢",大船名叫"艨艟"。

金根,皇后之车,菱花,妇人之镜。银凿落原是酒器,玉参差乃是箫名。

〔译文〕

"金根"指的是皇后的车辇,"菱花"说的是妇女的化妆镜。"银凿落"原本是酒器,"玉参差"是箫的名字。

刻舟求剑,固而不通;胶柱鼓瑟①,拘而不化。

〔注释〕

①胶柱鼓瑟:柱被粘住了就不能调整音高,比喻固执拘泥、不能变通。柱,瑟上调弦的短木。

〔译文〕

"刻舟求剑"是说人太固执、不变通。"胶柱鼓瑟"是说人拘泥刻板不变化。

斗筲言其器小①,梁栋谓是大材。

〔注释〕

①斗(dǒu)筲(shāo):斗和筲都是容量不大的容器,用于形容气量狭小、才识短浅。

〔译文〕

"斗筲"是说一个人气量狭窄,"栋梁"是指一个人具备突出的才能。

铅刀无一割之利,强弓有六石之名。

〔译文〕

铅刀不够锋利,没办法一刀就将物品割开。强弓要有六石之力才能拉动。

杖以鸠名,因鸠喉之不噎;钥同鱼样,取鱼目之常醒。

〔译文〕

拐杖以鸠命名,是因为鸠鸟吃食的时候喉咙不会被噎到。钥匙做成鱼的形状,是因为鱼目常年睁开像是时常警醒的样子。

兜鍪系是头盔,叵罗乃为酒器。

〔译文〕

兜鍪就是头盔,叵罗就是酒器。

短剑名匕首,毡毯曰氍毹[①]。

〔注释〕

①氍(qú)毹(shū)：毛织的地毯。

〔译文〕

短剑名为"匕首"，毡毯名为"氍毹"。

琴名绿绮焦桐，弓号乌号繁弱。

〔译文〕

"绿绮""焦桐"是琴的名字，"乌号""繁弱"是弓的称呼。

香炉曰宝鸭，烛台曰烛奴。

〔译文〕

香炉称"宝鸭"，烛台称"烛奴"。

龙涎鸡舌悉是香名，鹢首鸭头别为船号。

〔译文〕

"龙涎"和"鸡舌"都是香料的名字。"鹢首"和"鸭头"都是用来代指船。

寿光客，是妆台无尘之镜；长明公，是梵堂不灭之灯。

〔译文〕

寿光客指的是梳妆台上一尘不染的镜子。长明公指的是寺院里昼夜不熄灭的油灯。

桔槔是田家之水车①,袯襫是农夫之雨具②。

〔注释〕

①桔槔(gāo):井上汲水的工具。
②袯(bō)襫(shì):古时候指农夫穿的蓑衣之类。

〔译文〕

桔槔是种田人家取水的工具,袯襫是农夫的遮雨之物。

乌金,炭之美誉;忘归,矢之别名。

〔译文〕

乌金是对炭的美称。忘归是箭矢的别名。

夜可击,朝可炊,军中刁斗;云汉热,北风寒,刘褒画图。

〔译文〕

军队中使用的刁斗,夜里可以用来敲击,白日可以用作炊具。刘褒画图的神奇在于,他画的《云汉图》让看的人都感到热,他画的《北风图》让看的人都感到寒冷。

勉人发愤,曰猛著祖鞭①;求人宥罪,曰幸开汤网②。

〔注释〕

①猛著祖鞭:晋代刘琨与祖逖要好,曾给好友写信说立志驱除南犯的敌人,只恐祖逖的马鞭打到自己的前面。后用来勉励人努力进取。
②汤网:指刑政宽大。

〔译文〕

勉励别人发愤进取称"猛著祖鞭"。请求别人宽恕罪行称"幸开汤网"。

拔帜立帜,韩信之计甚奇;楚弓楚得,楚王所见未大。

〔译文〕

拔掉敌方阵营的旗帜,同时换上自己部队的旗帜,韩信的计谋非常奇特。楚王丢了弓就认为一定是楚人拾得,楚王的见识不太远大。

董安于性缓,常佩弦以自急;西门豹性急,常佩韦以自宽。

〔译文〕

董安于性格缓慢,就经常佩戴弓弦来提醒自己要抓紧时间。西门豹性格急躁,就经常佩戴皮革提醒自己要心平气和。

汉孟敏尝堕甑不顾①,知其无益;宋太祖谓犯法有剑,正欲立威。

〔注释〕

①甑(zèng):古代的一种炊具。

〔译文〕

汉代的孟敏曾经对坠地的甑不管不顾,因为他知道再看也没什么用处。宋太祖说要用剑来惩治犯法的人,因为他正打算借此树立威信。

王衍清谈,常持麈拂①;横渠讲《易》②,每拥皋比③。

〔注释〕

①麈(zhǔ)拂:即麈尾,借指清谈。
②横渠:即张载。
③皋比:虎皮坐垫。

〔译文〕

王衍在清谈的时候手里时常拿着麈尾。张载在讲《周易》

的时候总是坐在虎皮坐垫上。

尾生抱桥而死,固执不通;楚妃守符而亡,贞信可录。

〔译文〕

尾生抱着桥墩子被淹死,实在是固执不知变通。楚王妃死守承诺等待信符直到身亡,她的贞洁守信值得被记录传扬。

温峤昔燃犀,照见水族之鬼怪;秦政有方镜,照见世人之邪心。

〔译文〕

温峤昔日点燃犀牛角,照见水中的鬼怪。秦始皇嬴政有一面方镜,可以照出世间人的险恶之心。

车载斗量之人,不可胜数;南金东箭之品①,实是堪奇。

〔注释〕

①南金东箭:南方的金石、东方的竹箭,比喻优秀的人才。

〔译文〕

车载斗量的人,是说人多到数都数不清楚。南金东箭品格的人,实在称得上稀奇。

传檄可定①,极言敌之易破;迎刃而解,甚言事之易为。

〔注释〕

①传檄可定:比喻不需出兵,只要用一纸文书,就可以降服敌方,指不战而使对方归顺。传,传送,传递。檄,讨敌文书。定,平定。

〔译文〕

"传檄可定"是说敌方非常容易被攻破。"迎刃而解"是说事情非常容易解决。

以铜为鉴,可整衣冠;以古为鉴,可知兴替。

〔译文〕

以铜为镜可以整理衣冠。以历史作为借鉴则可以明白朝代的兴替。

卷四

文　事

多才之士,才储八斗;博学之儒,学富五车。

〔译文〕

才华横溢的士人被形容是"才储八斗",知识渊博的儒生被形容是"学富五车"。

《三坟》《五典》,乃三皇五帝之书;《八索》《九丘》,是八泽九州之志。

〔译文〕

《三坟》《五典》相传是三皇五帝时期的书籍。《八索》《九丘》据说是记载天下八大水泽和九州的志书。

《书经》载上古唐虞三代之事,故曰《尚书》;《易经》乃姬周文王、周公所系,故曰《周易》。

〔译文〕

《书经》记载了上古时期唐尧、虞舜、夏、商、周时期的事情,所以称为《尚书》。《易经》是西周时期的周文王、周公所作,所以称为《周易》。

二戴曾删《礼记》,故曰《戴礼》;二毛曾注《诗经》,故曰《毛诗》。

〔译文〕

戴德、戴圣曾经删定《礼记》,所以称为《戴礼》。毛亨、毛苌曾经为《诗经》作注,所以称为《毛诗》。

孔子作《春秋》,因获麟而绝笔,故曰《麟经》。

〔译文〕

孔子写作《春秋》,感伤于鲁哀公将象征祥瑞的麒麟捕获而停笔,所以称为《麟经》。

荣于华衮①,乃《春秋》一字之褒;严于斧钺②,乃《春秋》一字之贬。

〔注释〕

①华衮:古代王公贵族的多彩礼服,常用来表示极高的荣宠。
②斧钺(yuè):斧和钺,古代兵器,用于斩刑,借指重刑。

〔译文〕

《春秋》中哪怕一个字的褒扬,也比穿王公贵族的多彩礼服还要荣耀。《春秋》里即使是一个字的贬斥,也比斧钺之刑还要严酷。

缣缃①黄卷②,总谓经书;雁帛③鸾笺④,通称简札⑤。

〔注释〕

①缣(jiān)缃:供书写用的浅黄色细绢,后指书册。
②黄卷:书籍。
③雁帛:书信。
④鸾笺:古纸名,指彩笺。
⑤简札:用以书写的竹简、木札,代指文书、书信。

〔译文〕

"缣缃""黄卷",指的都是书册典籍;"雁帛""鸾笺",是文书、书信的通称。

锦心绣口①,李太白之文章;铁画银钩②,王羲之之字法。

〔注释〕

①锦心绣口:形容文辞优美,也称锦心绣腹。
②铁画银钩:指书法家运笔既刚劲又柔媚。

〔译文〕

"锦心绣口"是称赞李白文章优美;"铁画银钩"是称赞王羲

之书法刚劲柔媚。

雕虫小技①,自谦文学之卑;倚马可待②,羡人作文之速。

〔注释〕

①雕虫小技:比喻微不足道的技能(多指文字技巧)。
②倚马可待:形容文思敏捷,写文章很快。

〔译文〕

"雕虫小技"是谦称自己的文字功夫不怎么样。"倚马可待"是羡慕别人写文章速度很快。

称人近来进德,曰士别三日当刮目相看;羡人学业精通,曰面壁九年始有此神悟。

〔译文〕

称赞别人近日道德修养有所精进,称"士别三日当刮目相待"。羡慕别人学业精通,称"面壁九年始有此神悟"。

五凤楼手①,称文字之精奇;七步奇才②,羡天才之敏捷。

〔注释〕

①五凤楼手:比喻文章巨匠。

②七步奇才:有七步成诗的才能,比喻人有才气、文思敏捷。

〔译文〕

"五凤楼手"是称赞文章写得精妙奇绝。"七步奇才"是美慕天才的才思敏捷。

誉才高,曰今之班马;羡诗工,曰压倒元白。

〔译文〕

称赞他人才学高超就说对方是当今世上的班固和司马迁。美慕他人诗写得细致精巧,就说对方胜过元稹和白居易。

汉晁错多智,景帝号为智囊;王仁裕多诗,时人谓之诗窖①。

〔注释〕

①诗窖:满腹诗才、作诗很多的诗人。

〔译文〕

汉代晁错足智多谋,汉景帝称他为"智囊"。王仁裕写了很多诗,当时的人称他为"诗窖"。

骚客即是诗人,誉髦乃称美士①。

〔注释〕

①誉髦(máo):有名望的英杰之士。

〔译文〕

"骚客"指的就是诗人,"誉髦"是称赞有名望的俊美人士。

自古诗称李杜,至今字仰钟王。

〔译文〕

自古以来,最有名的诗人当属李白与杜甫。时至今日,书法最出众的要属钟繇和王羲之。

白雪阳春,是难和①难赓之韵②;青钱万选③,乃屡试屡中之文。

〔注释〕

①和(hè):唱和。
②赓(gēng):继续,连续。
③青钱万选:比喻文章出众。

〔译文〕

"阳春白雪"是说难以唱和、难以接续的韵律。"青钱万选"是指文章出众,每次都能被选中。

惊神泣鬼,皆言词赋之雄豪;遏云绕梁①,原是歌音之嘹亮。

〔注释〕

①遏(è)云:使云彩停止不前,形容歌声响亮动听。

〔译文〕

"惊神"和"泣鬼"都是说文章辞赋雄壮豪迈。"遏云绕梁"是赞美歌声嘹亮、回味无穷。

涉猎不精,是多学之弊;咿唔①呫毕②,皆读书之声。

〔注释〕

①咿(yī)唔(wú):拟声词,形容读书的声音。
②呫(chān)毕:泛指诵读。

〔译文〕

"涉猎不精"是指学的东西太多带来的弊端。"咿唔"和"呫毕"都是模拟读书的声音。

连篇累牍①,总说多文;寸楮②尺素③,通称简札。

〔注释〕

①连篇累牍:形容叙述的篇幅过多、过长。

②寸楮(chǔ):短信。楮,纸的代称。
③尺素:一尺长的白色绢帛,古人多用来写信或作画,后来借指书信或小的画幅。

〔译文〕

"连篇累牍"是说文章过多、过长。寸楮、尺素都是书信的通称。

以物求文,谓之润笔之资①;因文得钱,乃曰稽古之力②。

〔注释〕

①润笔:指给做诗文书画的人的报酬。
②稽(jī)古:考察古事。

〔译文〕

用财物来求取文章,财物被称是润笔的费用。用文字来换得钱财,就说是"稽古之力"。

文章全美,曰文不加点①;文章奇异,曰机杼一家②。

〔注释〕

①文不加点:形容写文章很快,不用涂改就写成。
②机杼一家:指文章能独立经营、自成一家。

〔译文〕

文章写得十分快捷、完美就称"文不加点"。文章写得新颖奇特就称"机杼一家"。

应试无文,谓之曳白①;书成绣梓②,谓之杀青③。

〔注释〕

①曳白:卷纸空白,只字未写,谓考试交白卷。

②绣梓:精美的刻版印刷。古代书版以梓木为上,故称。

③杀青:古人著书写在竹简上,为了便于书写和防止虫蛀,先把青竹简用火烤干水分,这个程序叫作杀青。后来泛指写成著作。

〔译文〕

考试交白卷称为"曳白",书写成后雕印出版称为"杀青"。

袜线之才①,自谦才短;记问之学②,自愧学肤。

〔注释〕

①袜线之才:也称"袜线短才",像袜子上的线一样很短的才器。比喻才能小,多为自谦语。

②记问之学:只是记诵书本、以资谈助或应答问难的学问,指对学问未融会贯通,不成体系。

〔译文〕

"袜线之才"是谦称自己才学短浅。"记问之学"是惭愧于自己学问很肤浅。

裁诗曰推敲①,旷学曰作辍②。

〔注释〕

①推敲:斟酌字句,反复琢磨。唐朝的贾岛是苦吟派诗人,为了一句诗甚至一个字词耗费很多工夫。有一次,贾岛骑着驴在路上,思索诗句"鸟宿池边树,僧敲(推)月下门",究竟用"推"还是"敲",他犹豫不决,一不留神冲撞了韩愈的车马。韩愈问贾岛为什么撞了自己,贾岛告知原委后,韩愈建议说用"敲"好。"推敲"从此用来比喻做文章或做事时,反复琢磨、仔细斟酌。

②作辍(chuò):时作时歇,不能持久。

〔译文〕

琢磨诗中的字句称"推敲",荒废学业称"作辍"。

文章浮薄,何殊月露风云①;典籍储藏,皆在兰台②石室③。

〔注释〕

①月露风云:比喻无用的文字。

②兰台:汉代宫内收藏典籍之处。
③石室:古代收藏图书档案之处。

〔译文〕

文章写得轻浮浅薄,和月下的露水、风中的流云又有什么区别呢。古代收藏典章书籍之处,都在兰台、石室这些地方。

秦始皇无道,焚书坑儒;唐太宗好文,开科取士。

〔译文〕

秦始皇残暴无道,焚书坑儒。唐太宗喜好文治,开科取士。

花样不同,乃谓文章之异;潦草塞责,不求辞语之精。

〔译文〕

"花样不同"是说文章风格各异。"潦草塞责"是说写作的时候不追求文辞的精练。

邪说曰异端,又曰左道;读书曰肄业①,又曰藏修②。作文曰染翰操觚③,从师曰执经问难④。

〔注释〕

①肄(yì)业:修习课业。

②藏修:专心学习。
③染翰操觚(gū):写文章。觚,木简。翰,长而硬的鸟羽。
④执经问难:手持经书反复问询以求解惑。

〔译文〕

邪说称为"异端",又称"左道"。读书叫"肄业",又叫"藏修"。写文章称作"染翰操觚",跟随师父学习叫"执经问难"。

求作文,曰乞挥如椽笔①;羡高文,曰才是大方家②。

〔注释〕

①如椽笔:比喻笔力雄健,犹言大手笔。
②大方家:有名的大家。

〔译文〕

请求他人写文章就说"乞挥如椽笔"。称美别人文章写得高妙就说"才是大方家"。

竞尚佳章,曰洛阳纸贵①;不嫌问难,曰明镜不疲②。

〔注释〕

①洛阳纸贵:晋代左思《三都赋》写成之后,抄写的人非常多,洛阳的纸因此都涨价了,后比喻著作广泛流传、风行一时。
②明镜不疲:明亮的镜子不为频繁地照人而疲劳,比喻人的智慧不会

卷 四 | 187

因使用而受到损害。

〔译文〕

竞相崇尚佳作美文称"洛阳纸贵"。被反复询问也不感到厌烦称"明镜不疲"。

称人书架曰邺架①,称人嗜学曰书淫②。

〔注释〕

①邺架:对他人藏书之多的美称。唐韩愈《送诸葛觉往随州读书》中有记载——"邺侯家多书,插架三万轴"。
②书淫:旧时称嗜书成癖、好学不倦的人。

〔译文〕

称赞他人书架上藏书丰富就称"邺架",称赞别人酷爱学习称"书淫"。

白居易生七月,便识"之""无"二字;唐李贺才七岁,作《高轩过》一篇。

〔译文〕

白居易七个月大的时候,就已经认识"之"和"无"两个字了。唐代李贺七岁的时候就写下了《高轩过》一诗。

开卷有益,宋太宗之要语;不学无术,汉霍光之为人。

〔译文〕

开卷有益,这是宋太宗说的至理名言。不学无术,指的是汉代霍光的为人。

汉刘向校书于天禄,太乙燃藜;赵匡胤代位于后周,陶谷出诏。

〔译文〕

汉代刘向在天禄阁校书,太乙真人都点燃自己的藜杖为其照明。赵匡胤取代后周建立宋朝,陶谷献出诏书。

江淹梦笔生花①,文思大进;扬雄梦吐白凤,词赋愈奇。

〔注释〕

①梦笔生花:比喻写作能力大有进步,也形容文章写得极为出色。

〔译文〕

江淹"梦笔生花"后,文章思路大有长进。扬雄梦见自己口吐白凤后,辞赋文章写得越来越奇绝。

李守素通姓氏之学,敬宗名为人物志①;虞世南晰古今之理,太宗号为行秘书②。

〔注释〕

①敬宗:底本为"世南",根据史实及底本此句的随文双行小注内容,此处应指许敬宗。
②行秘书:唐太宗对虞世南的美称。唐太宗曾经要外出的时候,下属请示是否要带书籍,唐太宗说不用,因为有虞世南同行,他就是行走的秘书监(即图书馆)。后用以泛称博闻强记的人。

〔译文〕

李守素精通姓氏学问,许敬宗称呼他为"人物志"。虞世南明晰古今各种道理,太宗称他为行走的图书馆。

茹古含今,皆言学博;咀英嚼华,总曰文新。

〔译文〕

"茹古""含今"都是说学识渊博。"咀英嚼华"总是在说文章新颖。

文望尊隆,韩退之若泰山北斗;涵养纯粹,程明道如良玉精金。

〔译文〕

善于写文章的声望尊崇高贵,韩愈被誉为文坛的"泰山北斗"。道德修养很纯粹,程颢就如同"良玉精金"一般。

李白才高,咳唾随风生珠玉;孙绰词丽,诗赋掷地作金声。

〔译文〕

李白才高,吐口唾沫都能随风变成珠玉。孙绰辞藻华美,诗词文赋丢在地上都有金石之声。

科　第

士人入学曰游泮①,又曰采芹②;士人登科③曰释褐④,又曰得隽⑤。

〔注释〕

①游泮(pàn):明清科举制度,经州县考试录取为生员者就读于学宫,称"游泮"。泮即泮宫,原为西周诸侯设立的大学之名,宋后州县皆设置,沿用此称呼。

②采芹:古时学宫有泮水,入学则可以采水中之芹为菜,故称入学为"采芹"或"入泮"。后亦指考中秀才,成了县学生员。

③登科:科举时代应考人被录取。

④释褐:脱去平民的衣服,比喻始任官职,后亦指进士及第授官。

⑤得隽:得到杰出的人才,旧时指士人应试及第。

〔译文〕

生员入学读书称"游泮",也称"采芹"。考中称"释褐",又称"得隽"。

宾兴①即大比之年②,贤书③乃试录之号④。鹿鸣宴⑤,款文榜之贤;鹰扬宴⑥,待武科之士。

〔注释〕

①宾兴:谓乡大夫自乡小学荐举贤能而宾礼之,以升入国学,原为周代举贤之法。科举时代,地方官设宴招待应举之士。亦指乡试。

②大比之年:举行乡试之年。

③贤书:贤能之书,谓举荐贤能的名录。后以"贤书"指科举考中的名榜。

④试录:明清时,将乡试、会试中考中的举子姓名、籍贯、名次及其考中的文章汇集刊刻成册,为"试录"。

⑤鹿鸣宴:为新科举子而设的宴会,起于唐代,因为宴会上要唱《诗经·小雅》中的《鹿鸣》之诗而得名,从唐至明、清一直相沿。

⑥鹰扬宴:武科乡试放榜后,考官及考中武举者共同参加的宴会。所谓鹰扬,是取"武如鹰之飞扬"的意思。

〔译文〕

科举考试举行之年称"宾兴","试录"还有一个称号为"贤书"。鹿鸣宴是款待文科中榜贤者的宴会,鹰扬宴是款待武科中榜士子的宴会。

文章入式①,有朱衣以点头②;经术既明③,取青紫如拾芥④。

〔注释〕

①入式:合乎程式。

②朱衣以点头:也作"朱衣点头",旧称被考试官看中。欧阳修有诗

"文章自古无凭据,唯愿朱衣一点头",朱衣点头的典故就这样落在了欧阳修身上。

③经术:经学。

④取青紫:也称"拾青紫",汉代夏侯胜说:"士病不明经术,经术苟明,其取青紫如俯拾地芥耳。"意思是说"儒者最怕不懂经术,经术如果能通晓了,要取得高官厚禄就像捡起地上的小草一样简单"。后遂以"拾青紫"指以学问求富贵,获取高官显位。

〔译文〕

文章被选中,仿佛是有朱衣老人在一旁点头。一旦通晓明了经学,取得高官厚禄就很容易。

其家初中,谓之破天荒;士人超拔,谓之出头地。

〔译文〕

家中有人第一次考中,称"破天荒"。士子出类拔萃,称"出头地"。

中状元,曰独占鳌头;中解元,曰名魁虎榜。

〔译文〕

中状元称"独占鳌头",中解元称"名魁虎榜"。

琼林赐宴①,宋太宗之伊始;临轩②问策③,宋神宗之开端。

〔注释〕

①琼林赐宴:即琼林宴,为新科进士举行的宴会,起于宋代。"琼林"为宋代名苑琼林苑。
②临轩:皇帝不坐在正殿而是在前殿,殿前堂陛之间近檐处两边有槛楯,如车之轩,故称。
③问策:即策问。汉以来考试会以政事、经义等设问写在简策上让考生应答,后称考题为策问。

〔译文〕

在琼林苑宴请新科进士这一盛会,开始于宋太宗。从宋神宗开始,皇帝在前殿直接考察士子。

同榜之人,皆是同年①;取中之官,谓之座主②。

〔注释〕

①同年:科举考试同榜考中的人。
②座主:唐宋时期的进士称呼自己的主试官为"座主"。

〔译文〕

同一个榜单上考中的人称"同年"。录取考生的官员称"座主"。

应试见遗,谓之龙门点额①;进士及第②,谓之雁塔题名③。

〔注释〕

①龙门点额:鱼跃龙门则化身为龙,否则点额而还,比喻仕途失意或科场落第。

②进士及第:进士是科举考试的最高功名,及第指科举考试应试中选。科举殿试时录取分为三甲:一甲三名,赐"进士及第"的称号,第一名称状元(鼎元),第二名称榜眼,第三名称探花,三者合称"三鼎甲";二甲若干名,赐"进士出身"的称号;三甲若干名,赐"同进士出身"的称号。二、三甲第一名皆称传胪,一、二、三甲统称进士。

③雁塔题名:指考中进士。唐中宗神龙年间,进士张莒游慈恩寺,一时兴起,将名字题在大雁塔下,此举后来引得文人纷纷效仿。

〔译文〕

没能考中称"龙门点额"。考中进士也称"雁塔题名"。

贺登科,曰荣膺鹗荐①;入贡院②,曰鏖战③棘闱④。

〔注释〕

①荣膺鹗荐:贺人登科之颂辞。荣膺,光荣地接受或承当。鹗荐,推荐有才能的人。孔融推荐祢衡时将其比喻为鹗,说鸷鸟成百,不如一鹗。

②贡院:科举时代举行乡试或会试的场所。

③鏖战:激烈地战斗,苦战。

④棘闱:科举时代对考场、试院的称谓。

〔译文〕

祝贺他人科举中试称"荣膺鹗荐"。进入贡院考试称"鏖战棘闱"。

金殿唱名曰传胪①,乡会放榜曰撤棘②。

〔注释〕

①传胪:科举时代殿试揭晓唱名的一种仪式。殿试公布名次之日,皇帝至殿宣布,由阁门承接,传于阶下,卫士齐声传名高呼。

②撤棘:科举考试工作结束。因放榜日会关闭贡院,并于门口设置荆棘,以防落第者闯入喧闹,放榜后始撤去,故称。

〔译文〕

大殿上高声报唱考中者的姓名称"传胪",乡试、会试放榜称"撤棘"。

攀仙桂,步青云,皆言荣发;孙山外①,红勒帛②,总是无名。

〔注释〕

①孙山外:宋朝一名叫孙山的人和同乡的儿子一起参加科举,放榜时,孙山的名字在榜单的最末一名,而那位和他一起去的同乡之子则不在榜上。孙山回到家里,同乡来问其子有没有考取。孙山委婉回答"解元尽

处是孙山,贤郎更在孙山外",意思是说榜上的最后一名是我孙山,令郎的名字还在我后面。从此,投考学校或参加各种考试若没有被录取,被称作"名落孙山"。

②红勒帛:相传欧阳修做考官时不喜欢刘几的行文风格,用红笔在刘几应考的试卷上打一个大横杠,将刘几的文字全部抹掉。后因称用红笔涂抹文章为"红勒帛"。

〔译文〕

"攀仙桂""步青云",说的都是科举考中后的荣耀发达。"孙山外""红勒帛",说的都是没能考中。

英雄入吾彀①,唐太宗喜得佳士;桃李属春官②,刘禹锡贺得门生。

〔注释〕

①彀(gòu):弓箭能射及的范围,比喻牢笼、圈套。
②春官:唐代曾有段时间改礼部为春官,后"春官"遂为礼部的别称。

〔译文〕

"英雄入吾彀",这是唐太宗招揽到人才后得意扬扬开心的话。"桃李属春官",是刘禹锡恭贺礼部新得门生的话。

薪,采也;槱,积也,美文王作人之诗①,故考士谓之薪槱之典②。

〔注释〕

①作人:任用和造就人才。

②薪槱(yǒu):山木茂盛,万民得而薪之;贤人众多,国家得以兴旺。后世以"薪槱"比喻贤良的人才或选拔贤良的人才。

〔译文〕

薪是采的意思,槱是积聚的意思,这是赞美周文王任用和造就人才的诗句,所以考核选拔人才称"薪槱之典"。

汇,类也;征,进也,是连类同进之象,故进贤谓之汇征之途①。

〔注释〕

①汇征:连类而进,引申指进用贤者。

〔译文〕

汇是类聚的意思,征是进取的意思,这是把同类事物汇聚在一起共同进取的卦象,所以把举荐贤能之士称为"汇征之途"。

赚了英雄,慰人下第①;傍人门户②,怜士无依。虽然③,有志者事竟成,伫看荣华之日④;成丹者火候到,何惜烹炼之功。

〔注释〕

①下第:亦称"落第",指科举时代考试没有考中。
②傍人门户:疑似应为"傍谁门户"。根据随文夹注引用章孝标《归燕词辞工部侍郎》:"旧垒危巢泥已落,今年故向社前归。连云大厦无栖处,更望(傍)谁家门户飞。"此处应该是说慨叹疑惑士人能依靠哪个门户呢,而不是感叹士人有门户依靠无法自立。
③虽然:即使如此。
④仃看:行将看到。

〔译文〕

"赚了英雄"是对科举落榜之人的安慰。"傍人门户"是怜惜读书人无依无靠。即使如此,有志者事竟成,他们(读书人)即将看到自己荣耀富贵的那一天。炼丹只要火候到了自然能成,何必吝啬烹炼过程中耗费的工夫。

制　作

上古结绳记事,苍颉制字代绳。

〔译文〕

上古时期人们结绳记事,仓颉造字取代了结绳。

龙马负图,伏羲因画八卦;洛龟呈瑞,大禹因列九畴①。

〔注释〕

①九畴:传说中天帝赐予大禹的治理天下的九类大法。畴,类。

〔译文〕

龙马自黄河中出现的时候背上负有八卦图样,伏羲据此绘制了八卦。神龟自洛水而出,背负洛书,大禹据此列出治理天下的九类大法。

历日是神农所为①,甲子乃大挠所作。

〔注释〕

①历日:日历,历书。

〔译文〕

历书是神农创制,甲子计时是大挠创作。

算数^①作于隶首^②,律吕^③造自伶伦^④。

〔注释〕

①算数:算术。
②隶首:黄帝史官,始作算数。亦借指善算数者。
③律吕:古代用竹管制成的校正乐律的器具,以管的长短(各管的管径相等)来确定音的不同高度。从低音管算起,成奇数的六个管叫作"律",成偶数的六个管叫作"吕",后来用"律吕"作为音律的统称。
④伶伦:中国古代传说中的音乐人物,亦作"泠伦"。相传为黄帝时代的乐官,是发明律吕据以制乐的始祖。伶伦根据凤凰鸣叫的两个六声,经过长时间的揣摩、推敲,终于创制出音乐上的十二音律,受到了黄帝的赞扬。

〔译文〕

算术由隶首创作,律吕是伶伦创造。

甲胄舟车,系轩辕之创始;权量衡度,亦轩辕之立规。

〔译文〕

铠甲、头盔、舟船、车辆,这些都是轩辕帝始创的。测定物体大小、轻重、长短的器具和标准也都是由轩辕帝订立的。

伏羲氏造网罟①,教佃渔以赡民用;唐太宗造册籍②,编里甲以税田粮。

〔注释〕

①网罟(gǔ):捕鱼及捕鸟兽的工具。
②册籍:名册。

〔译文〕

伏羲氏制造网罟,教民众狩猎捕鱼来维持生计。唐太宗编造百姓名册,设立里甲制度管理百姓、征收赋税。

兴贸易,制耒耜,皆由炎帝;造琴瑟,教嫁娶,乃是伏羲。

〔译文〕

兴办贸易、制造耒耜,这些都是从炎帝开始的。制造琴瑟,教导嫁娶事宜的是伏羲。

冠冕①衣裳②,至黄帝而始备;桑麻蚕绩③,自元妃而始兴④。

〔注释〕

①冠冕:古代帝王、官员所戴的帽子。

②衣裳(cháng)：古时"衣"指上衣，"裳"指下裙，后泛指衣服。
③蚕绩：蚕桑和纺绩。纺绩，将丝麻织成纱或线，古时纺指纺丝，绩指缉麻。
④元妃：此处指嫘祖。

〔译文〕

冠冕衣裳，到黄帝时才开始完备。桑麻蚕绩，自嫘祖开始兴起。

神农尝百草，医药有方；后稷播百谷，粒食攸赖。

〔译文〕

神农尝百草后，医药才有方可循。后稷播种百谷后，粮食才有了保障。

燧人氏钻木取火，烹饪初兴；有巢氏构木为巢，宫室始创。

〔译文〕

燧人氏钻木取火，把食物做熟的习惯才开始兴起。有巢氏利用木头搭建巢穴，人们开始建造房屋。

夏禹欲通神祇①，因铸镛②钟于郊庙③；汉明尊崇佛教，始立寺观于中朝。

〔注释〕

①神祇(qí):神指天神,祇指地神,泛指神。
②镛(yōng):大钟。
③郊庙:古代帝王祭天地的郊宫和祭祖先的宗庙。

〔译文〕

大禹想要和天地神灵沟通,所以铸造了大钟放置于祭祀天地祖宗的郊宫宗庙。汉明帝尊崇佛教,开始在中原建立寺庙。

周公作指南车,罗盘是其遗制;钱乐作浑天仪,历家始有所宗。

〔译文〕

周公制作指南车,罗盘就是根据它制造出来的。钱乐制作浑天仪,研究天文历法的人才有了依据。

育王得疾,因造无量宝塔;秦政防胡①,特筑万里长城。

〔注释〕

①秦政:即秦始皇嬴政。

〔译文〕

阿育王生病,因此建造了无量宝塔。秦始皇为了防止匈奴入侵,特意修筑了万里长城。

叔孙通制立朝仪①,魏曹丕秩序官品。

〔注释〕

①朝仪:朝廷的礼仪。

〔译文〕

叔孙通制订设立朝廷礼仪制度,魏曹丕确立了官职的品阶秩序。

周公独制礼乐,萧何造立律条。

〔译文〕

周公独自制订礼乐制度,萧何创造确立法律条文。

尧帝作围棋以教丹朱,武王作象棋以象战斗。

〔译文〕

尧帝制作围棋,用以教丹朱。周武王制作象棋,用来模拟战斗情况。

文章取士兴于赵宋,应制以诗起于李唐。

〔译文〕

以文章优劣选拔人才,兴起于宋朝。以诗为考试内容,开始于唐朝。

梨园子弟乃唐明皇作始,《资治通鉴》乃司马光所编。

〔译文〕

梨园子弟自唐明皇时期开始设置,《资治通鉴》是司马光编撰的。

笔乃蒙恬所造,纸乃蔡伦所为。凡今人之利用,皆古圣之前民。

〔译文〕

笔是蒙恬发明的,纸是蔡伦改进的。凡是当今人们所用之物,都来自古代圣贤先民。

技 艺

医士业岐轩之术①,称曰国手;地师习青乌②之书,号曰堪舆③。

〔注释〕

①岐轩之术:医术。
②青乌:传说中的古代堪舆家,有说是黄帝时人,有说是秦汉时人。
③堪舆:即风水。

〔译文〕

医师以岐黄之术为业,称为"国手"。风水师研习青乌传下来的书,称为"堪舆"。

卢医扁鹊①,古之名医;郑虔崔白,古之名画。

〔注释〕

①卢医:即扁鹊,因其家在卢国,故名。

〔译文〕

卢医扁鹊是古代的名医。郑虔和崔白是古代著名的画家。

晋郭璞得《青囊经》,故善卜筮地理;孙思邈得龙宫方,能医虎口龙鳞。

〔译文〕

晋郭璞得到了《青囊经》一书,所以擅长卜筮风水之术。孙思邈得到了来自龙宫的药方,因此才懂得治疗龙、虎。

善卜者,是君平①詹尹之流②;善相者,即唐举③子卿之亚④。

〔注释〕

①君平:严君平,西汉道家学者,知天文,认星象,善占卜,通玄学,博学多才。
②詹尹:古代善卜筮者之名。
③唐举:战国时梁人。以善相术著名。"举"也写作"莒"。
④子卿:姑布子卿,春秋战国时期著名相术士。《史记·赵世家》中有一则他看相的故事。

〔译文〕

善于占卜的,是君平、詹尹之类的人。善于看相的,是唐举、子卿之类的人。

推命之人即星士①,绘图之士曰丹青。

〔注释〕

①星士:以星命术为人推算命运的术士。

〔译文〕

推算命理的人是"星士",绘图的人称为"丹青"。

大风鉴①,相士之称;大工师②,木匠之誉。

〔注释〕

①风鉴:以谈相论命为职业的人。
②工师:古代官名,掌管营建工程和管教百工。

〔译文〕

"大风鉴"是对相士的称呼。"大工师"是对木匠的美誉。

若王良①,若造父②,皆善御之人;东方朔③,淳于髡④,系滑稽之辈⑤。

〔注释〕

①王良:春秋时期擅长驾驭马车者。
②造父:西周著名驾车者。
③东方朔:西汉时期著名文学家。性格诙谐,言词敏捷,滑稽多智,常在汉武帝面前谈笑取乐以言政治得失。

④淳于髡(kūn):战国时期齐国政治家、思想家。博学多才、善于辩论,长期活跃在齐国的政治和学术领域,对齐国的振兴与强盛做出了重要的贡献。

⑤滑稽:形容圆转顺俗的态度,谓能言善辩、言辞流利。后来变化为指言语、动作、事态令人发笑。

〔译文〕

像王良、造父,都是善于驾车的人。东方朔、淳于髡之辈,是能言善辩之人。

称善卜卦者,曰今之鬼谷;称善记怪者,曰古之董狐①。

〔注释〕

①董狐:春秋时晋国史官。

〔译文〕

称擅长卜卦的人是当今世上的鬼谷子。称那些善于记录鬼怪异事的人是古代的董狐。

称诹日之人曰太史①,称书算之人曰掌文②。

〔注释〕

①诹(zōu)日:商量选择吉日。
②掌文:掌管文翰之事。

卷 四 | 211

〔译文〕

选择吉日的人被称为"太史",书写计算的人被称为"掌文"。

掷骰者,喝雉呼卢①;善射者,穿杨贯虱②。

〔注释〕

①喝雉呼卢:形容赌徒赌兴正酣时的样子。

②穿杨贯虱:战国时养由基射箭能百步穿杨,纪昌射箭能正中虱心,后因以"穿杨贯虱"形容射箭技艺高超。穿杨,射箭能于远处命中杨柳的叶子。

〔译文〕

掷骰子赌博的人常会喝雉呼卢。擅长射箭的人能穿杨贯虱。

樗蒲之戏①,乃云双陆②;橘中之乐③,是说围棋。

〔注释〕

①樗(chū)蒲(pú):也作"摴蒱""樗蒲",古代的一种博戏,类似于现在的掷骰子。

②双陆:古代一种棋盘游戏,棋子的移动以掷骰子的点数决定,首位把所有棋子移离棋盘的玩者可获得胜利。

③橘中之乐:传说古时有一巴邛人家橘园,霜后两橘大如三斗盎。剖开,有二老叟相对象戏,谈笑自若。一叟曰:"橘中之乐不减商山。"后遂称

象棋游戏为"橘中戏",亦称"橘中乐"。

〔译文〕

樗蒱游戏也叫"双陆","橘中之乐"说的是围棋。

陈平作傀儡,解汉高白登之围;孔明造木牛,辅刘备运粮之计。

〔译文〕

陈平制作木偶,化解汉高祖刘邦的白登之围。诸葛亮发明木流牛马,辅助刘备运送粮草。

公输子削木鸢,飞天至三日而不下;张僧繇画壁龙,点睛则雷电而飞腾。

〔译文〕

公输般用木头制成的老鹰,飞到天上三天都不落下。张僧繇在墙壁上画了条龙,点了眼睛后电闪雷鸣,龙破墙腾空飞走。

然奇技似无益于人,而百艺则有济于用。

〔译文〕

虽然奇巧的技艺似乎无益于人,然而日常所需的各种技艺则是可以供人使用的。